Las profundas verdades *de la* Biblia

¿Existe la verdad absoluta?

¿Puede el hombre discernirla?

¿Qué confianza se puede depositar en la Biblia?

Kay H. De Friederichsen

CONTENIDO

Las profundas verdades de la Biblia, © 1958 por Moody Bible Institute, y publicado con permiso por Editorial Portavoz, filial de Kregel Inc., Grand Rapids, Michigan 49505. Todos los derechos reservados.

Traducción: David Powell

EDITORIAL PORTAVOZ
2450 Oak Industrial Dr. NE
Grand Rapids, Michigan 49505 USA

Visítenos en: wwwportavozcom

ISBN 978-0-8254-5975-7

1 2 3 4 5 / 26 25 24 23 22 21

Impreso en los Estados Unidos de America
Printed in the United States of America

EL OBJETO DE ESTAS LECCIONES

Este curso "a vuelo de pájaro" acerca de lo que enseña la Biblia, fue preparado con el fin de satisfacer una necesidad. Tanto en la obra misionera en las Filipinas, como en los Estados Unidos, he descubierto que existe una gran ansiedad —entre los que asisten a los cultos de las iglesias como entre los que no concurren— por encontrar una solución a sus inquietudes espirituales. Quieren algo breve y sencillo que les haga entender la Biblia, y lo que desean saber lo quieren saber *de inmediato*. Este curso se ha ideado para ofrecer una rápida visión panorámica de las doctrinas cardinales de la verdad divina, y a la vez para abrir el apetito de tal manera que impulse a los lectores a realizar estudios posteriores más profundos.

No hay enseñanzas nuevas en estas páginas. Son sencillamente las enseñanzas básicas de la Palabra de Dios expresadas con sencillez, tanto para grandes como para jóvenes, versados o no en la Biblia. La comprensión de estos fundamentos de la fe les ayudará a apreciar los sermones y a entender mejor la Biblia. Hasta el método visual se ha empleado para aclarar aun más las importantes verdades de la Palabra de Dios. Los diagramas y bosquejos empleados en este libro son los que dibujo en el pizarrón durante mis clases.

Estando persuadida de la importancia que reviste la exposición bíblica en la evangelización, he usado estas lecciones durante varios años, y ha sido un gozo comprobar que muchos han encontrado la respuesta a su necesidad espiritual por medio de estos mismos estudios. Mayor gozo aún ha sido conocer a personas que me han dicho, "No he tenido el gusto de conocerla antes, pero mi amiga me trajo sus lecciones y me las explicó, y ahora yo también he recibido a Cristo como mi Salvador".

Al leer o estudiar estas páginas, os ruego que comencéis desde el principio. No deis saltos, ni comencéis por la última lección. Cada capítulo está basado en el contenido de los capítulos anteriores, y si se estudian ordenadamente, se los entenderá mejor.

Este curso "a vuelo de pájaro" es adecuado para obsequiar a los amigos. Ha sido empleado para ganar almas, confirmar a los cristianos (*), y producir ganadores de almas.

Además, es ideal para usar en clases de estudio bíblico. En vista de que el material que se ofrece es muy reducido, se puede consultar otros versículos, con la ayuda de una concordancia, para un estudio más completo de los temas. No se ha querido que estas páginas constituyan estudios exhaustivos, sino darle al lector una visión general de la voluntad de Dios y despertar interés en el estudio de las Escrituras.

—KAY H. DE FRIEDERICHSEN

(*) El vocablo "cristiano" perdió, con el correr de los siglos, su primitivo significado bíblico, por lo cual ha sido costumbre en los países de habla española emplear más bien el término de "creyente". En la obra presente hemos preferido mantener, en general, la palabra cristiano, pero aclarando que **cristiano** es el que cree en **Cristo**, le sigue, procura asemejarse a él y hacer su voluntad. N. del T.

ABREVIATURAS

"V.H.A" — Versión Hispano-Americana del Nuevo Testamento.
"V.M." — Versión Moderna de la Biblia.
Los versículos o pasajes bíblicos que no lleven una u otra de estas abreviaturas han sido tomados de la versión Reina-Valera.

1

LA BIBLIA

EN ESTOS DIAS en que las religiones se multiplican como los hongos, muchas personas tienen la mente llena de dudas y preguntas en cuanto a cuál doctrina sea la verdadera.

"Todas afirman que se basan en la Biblia", argumenta el desconcertado inquiridor, "y parecen encontrar apoyo en las Escrituras para sostener sus teorías".

Pero la prueba decisiva consiste en averiguar si *toda* la Escritura apoya *todo* lo que enseñan. Y a menos que sepamos lo que realmente enseña la Palabra de Dios, jamás podremos conocer la verdad.

Sorprende realmente encontrar tantas personas dispuestas a aceptar lo que alguien les dice, o aun lo que han visto en el cinematógrafo, o lo que enseña alguna iglesia, en lugar de escudriñar la Biblia por sí mismas. Una mujer de edad discutía acerca del jardín de Edén, e insistía en que Eva había comido una manzana: "¡Yo sé que era una manzana! ¡Lo dijo mi maestro en la Escuela Dominical!" Un caballero discutía conmigo acerca de un incidente en la Biblia que no podía probar, y remató su argumento diciendo: "¡Yo sé que es así, porque lo vi en una película!"

El error cabalga sobre el lomo de la verdad. Debe haber algo de verdad en toda enseñanza falsa, porque de lo contrario nadie la aceptaría. El crédulo y el no versado en la Palabra son propensos a creer cualquier cosa que tenga adosado un versículo de la Biblia. Pero se puede tomar un versículo de la Biblia y demostrar casi cualquier cosa basándose en él. Así es como surgen las religiones falsas. Alguien tiene una idea brillante, o un sueño, y luego se acude a la Biblia con el fin de encontrar versículos

para apoyar la idea o lo que soñó. Lo malo del caso es que sacan el versículo completamente de su contexto y lo colocan en oposición con el resto de la Biblia. De esta manera pueden llegar a probar exactamente lo opuesto de lo que dice Dios. Las verdades bíblicas siempre están en armonía con el resto de la Biblia. La Biblia no está en desacuerdo con sí misma.

Cualquier enseñanza que no esté en armonía con *toda* la Palabra de Dios no es enseñanza de Dios. Ningún versículo debe ser interpretado aparte de su contexto, ni de lo demás de la Biblia. "Entendiendo primero esto, que ninguna profecía de la Escritura es de particular interpretación" (II Pedro 1:20). Esto no significa que el individuo particular no pueda interpretar la Biblia por sí mismo, sino que ninguna porción debe interpretarse particularmente, fuera de su contexto. Cualquier persona —hasta un niño— puede entender la Biblia: "Desde la niñez has conocido las Santas Escrituras, que pueden hacerte sabio para la salvación" (II Timoteo 3:15, V. M.).

Si bien en estas páginas sólo citaremos frases y versículos aislados de la Palabra de Dios, cuando se lee el contexto y se confronta con el resto de las Escrituras, se comprobará que no nos alejamos del tema, ni quebramos en ningún momento la armonía, de las mismas.

La Biblia se explica sola. Cuando haga falta una ex·plicación, consúltese otros versículos que se refieren al mismo asunto. No cabe la menor duda de que se encontrará la respuesta. Es esto precisamente lo que haremos en esta serie de estudios.

Algunas personas tratan de llegar a la verdad aceptando lo que les parece bueno, o lo que los atrae intelectualmente. Generalmente ocurre que aceptan lo que los halaga y los hace aparecer con una aureola sobre la cabeza.

No existe ningún común denominador, ninguna norma o elemento de juicio que no sea la de su propia lógica. No es un punto de partida muy seguro, porque el razonamiento lógico del hombre se entorpece fácilmente con la digestión, el estado de la atmósfera, o la situación mundial; y su facultad de discernir varía según sus amistades o sus sentimientos. Al indicar un medicamento para un enfermo no lo hacemos a base del color o del gusto. Estudiamos la fórmula. ¿Por qué, entonces, elegir una religión según que nos atraiga o no, o simplemente porque alguien nos la ha ofrecido? ¿Por qué no examinamos la fórmula?

En la antigüedad Dios hablaba a la raza humana mediante sueños y visiones, ángeles y voces, y se reveló a sí mismo de diversas maneras. "Dios, habiendo hablado muchas veces y en muchas maneras en otro tiempo a los padres por los profetas..." (Hebreos 1:1). Así como nosotros expresamos nuestros pensamientos mediante palabras, Dios también emplea palabras para comunicarse con la humanidad. Emplea la voz de la naturaleza; la viviente Palabra de Dios —Cristo; y la Palabra escrita— la Biblia.

I. Dios Habla al Hombre

A. LA VOZ DE LA NATURALEZA. En la naturaleza vemos demostrado el poder de Dios; vemos su amor en la provisión de lo necesario para nuestro bienestar; vemos su gloria en todo lo bello que nos rodea; vemos su sabiduría en la creación de las criaturas vivientes; vemos su infinitud en el universo que nos rodea. "Los cielos cuentan la gloria de Dios, y el firmamento manifiesta la obra de sus manos. Un día a otro día transmite copiosamente el dicho, y una noche a otra noche divulga el conocimiento. No hay dicho, ni palabras, ni es oída su voz; empero por toda la tierra ha salido su melodía, y hasta los cabos del mundo sus palabras" (Salmo 19:1-4, V. M.). "Porque las cosas invisibles de él (Dios), su eterna potencia y divinidad, se echan de ver desde la creación del mundo, siendo entendidas por las cosas que son hechas" (Romanos 1:20).

Pero la naturaleza sola no ofrece una revelación completa de Dios. No nos dice nada acerca de su santidad ni de su justicia, de su misericordia ni de la salvación que ofrece, del cielo ni del infierno. La naturaleza demuestra que hay un Dios, pero no nos muestra cuál sea su voluntad en cuanto a nosotros. Necesitamos algo más que el libro de la naturaleza.

B.   LA PALABRA VIVIENTE DE DIOS. A fin de que pudiéramos conocer cabalmente el carácter de Dios y su voluntad en cuanto a la salvación, Dios mismo descendió a morar entre los hombres, en la persona de Jesucristo. Siendo Dios, Cristo vivió la santidad y la misericordia de Dios, y proclamó la justicia y la voluntad de Dios; con su vida nos proporcionó un ejemplo del vivir cristiano, y con su muerte un medio de salvación. "En el principio era el Verbo, y el Verbo era con Dios, y el Verbo era Dios. Este

era en el principio con Dios" (Juan 1:1,2). Algunos enseñan que el Verbo se refiere aquí simplemente a las palabras de Dios, su expresión, y su voluntad. Pero el Verbo no es una *cosa*, sino una *Persona*: "Y aquel Verbo fue hecho carne, y habitó entre nosotros" (Juan 1:14). Cristo mismo es el Verbo viviente. Apocalipsis 19:11-16 es una descripción de la venida de Cristo a reinar después de la tribulación. En este pasaje se lo designa como el

"Rey de reyes y Señor de señores", y en el versículo 13 "su nombre es llamado 'El Verbo de Dios' ". Dios, "en estos postreros días nos ha hablado por el Hijo, al cual constituyó heredero de todo, por el cual asimismo hizo el universo: el cual siendo el resplandor de su gloria (la de Dios), y la misma imagen de su sustancia (la de Dios)..." (Hebreos 1:2,3).

Nadie puede adorar verdaderamente a Dios en la naturaleza solamente, por cuanto sin el Salvador no hay acceso a Dios. Algunos razonan de la siguiente manera: "Yo no necesito ir a la iglesia; puedo adorar a Dios en la naturaleza. Tengo tanta comunión con Dios cuando estoy de picnic o me encuentro trabajando en el jardín o ando de caza, como en la iglesia". Y probablemente tengan razón. La verdad es que no tienen comunión real con Dios en ningún momento. Toda vez que Dios nos ha indicado explícitamente cómo hemos de servirle, y no hacemos caso de sus mandamientos, no podemos adorarle en absoluto. *Adorar* significa reverenciar y honrar en grado sumo; no podemos rendir culto a Dios cuando desobedecemos su mandamiento de reunirnos para la adoración. La desobediencia es pecado; por lo tanto no existe, en tales casos, comunión alguna con Dios.

El Señor Jesús vivió en la tierra hace unos 1.900 años. Pero hoy no se encuentra aquí físicamente. Era necesario preservar sus palabras y su voluntad en forma escrita. El documento resultante se llama la Palabra de Dios, la *Biblia*. Los profetas y apóstoles fueron guiados por Dios para escribir lo que Dios quiere que sepamos, y para darnos una fuente autorizada que nos sirva de norma en el día de hoy. Con ella sometemos a prueba todas las enseñanzas, dogmas y doctrinas, de la misma manera en que verificamos toda distancia por medio de las medidas de longitud.

C. LA PALABRA ESCRITA DE DIOS. El apóstol Pablo elogia a los cristianos porque "cuando recibisteis de nosotros la palabra del mensaje de Dios, la aceptasteis,

no como palabra de hombres, sino según lo es verdaderamente, la palabra de Dios, que obra también en vosotros que creéis" (I Tesalonicenses 2:13, V. M.).

Muchos hablan sobre la Biblia, pero cuán pocos son los que realmente la leen por sí mismos. Quizá la hojeen de tanto en tanto, o la lleven bajo el brazo a los servicios de la iglesia, y aun tal vez la coloquen al lado de la cama para que junte polvo día tras día; pero raramente la leen con fidelidad, en forma constante y con intenso deseo de aprovechar la lectura.

Mientras visitaba a sus feligreses, un ministro de la Palabra trataba de hacerles ver la importancia de leer la Biblia regularmente.

"¡Ah, pastor", exclamó entusiasmada la señora de la casa, "yo leo mi Biblia todos los días! Sólo que estas últimas tres semanas solamente he podido leer un capítulo por día en lugar de varios, como solía hacerlo hasta que perdí los anteojos".

Antes de despedirse, el ministro le pidió la Biblia para leer una porción. Se oyeron ruidos confusos por unos momentos, hasta que uno de los hijos encontró la Biblia en un estante. El ministro la tomó en sus manos y la abrió automáticamente en un lugar donde había un objeto abultado que separaba las páginas. ¡Era nada menos que el par de anteojos! ¡Perdidos durante tres semanas en el libro que la mujer afirmaba haber leído todos los días!

Los comentarios infundados sobre el contenido de la Biblia llegan a todas partes; pero la verdad parece estar encerrada en el corazón de los cristianos, y pocas veces sale a la luz. Los que afirman que existen errores y contradicciones en la Biblia jamás parecen haberlas visto por sí mismos, ni menos haber procurado estudiarlas. Ya hace centenares de años que los hombres vienen intentando exterminar a este Libro Sagrado. ¡Y sin embargo, sigue siendo el mayor éxito de librería!

¿Por qué no darle a la Palabra de Dios una oportunidad? No puede hacer mal a nadie el examinarla y dejar que ella hable por sí misma.

Una dama dejó de asistir a mis clases sobre la Biblia porque, según expresó, "Esas doctrinas no son las que me enseñaron a creer desde pequeña". Su amiga le dijo entonces: "¿Y por qué no vienes para informarte solamente? No es necesario que lo aceptes. Ven a ver lo que realmente dice la Biblia". Volvió a las clases, y llegó a comprender la Palabra de Dios. Según dijo luego: "¡Debe ser que me enseñaron a creer mal! ¡Me alegro de haber encontrado la verdad!"

II. El Origen de la Biblia

A. LA INSPIRACION. "Toda Escritura es inspirada divinamente y útil" (II Timoteo 3:16.) El texto original decía literalmente que "Dios alentó" o "sopló" a hombres piadosos, los profetas y apóstoles, y que éstos escribieron lo que Dios les indicó que escribiesen, aun cuando no entendieron plenamente el significado de todo lo que escribieron. La Biblia sostiene que es la Palabra de Dios, y por lo tanto es la *única* guía en materia de verdades espirituales. Es una historia fiel del bien y del mal, de los actos y los fracasos de los hombres, de los hechos y las palabras de Satanás, de la intervención divina en los asuntos del mundo y de la voluntad de Dios. La mano de Dios guió a sus siervos como a una pluma. Así como cuando decimos que escribimos una carta con una pluma, cuando en realidad fue nuestra mano que la guió. "Porque la profecía no fue en los tiempos pasados traída por voluntad humana, sino los santos hombres de Dios hablaron siendo inspirados del Espíritu Santo" (II Pedro 1:21).

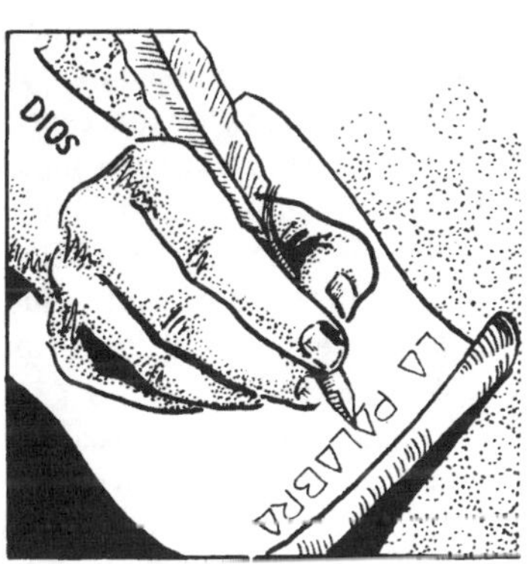

Decir que la Biblia es la Palabra de Dios no significa afirmar que cada palabra representa su voluntad o un mandamiento suyo para nosotros. Se trata de una crónica veraz de lo que Dios quiere que sepamos.

B. LA REVELACION. La Biblia contiene la revelación de la voluntad de Dios, de sus relaciones con el hombre y de sus enseñanzas. La doctrina de la salvación, de la vida cristiana, de la iglesia, de la segunda venida de Cristo, han sido todas reveladas por él. Son estas doctrinas las que nos proponemos estudiar. No hay revelación nueva desde que se completaron las escrituras de los apóstoles y profetas. Pesa sobre quienquiera que intentare agregar nuevas doctrinas o documentos, o suprimir de lo que ya se ha dado, una maldición especial. "Si alguno añadiere a estas cosas, Dios pondrá sobre él las plagas que están escritas en este libro. Y si alguno quitare de las palabras del libro de esta profecía, Dios quitará su parte del libro de la vida, y de la santa ciudad, y de las cosas que están escritas en este libro" (Apocalipsis 22: 18.19).

Pero, ¿cómo sabemos que los libros de la Biblia tal cual los tenemos hoy son los libros originales de las Escrituras? Cierto es que los manuscritos originales se han perdido o fueron destruidos. Sin embargo, durante su ministerio terrenal, Cristo citó de los libros del Antiguo Testamento como los tenemos hoy. Ningún libro ha sido agregado ni quitado a las Escrituras hebreas desde aquel entonces.

No hace mucho unos muchachos árabes estaban jugando en las cercanías del Mar Muerto, cuando encontraron varios viejos rollos conservados en vasijas de barro. Cuando se logró abrirlas y traducir los pergaminos que contenían se descubrió que se trataba de escritos judaicos de carácter religioso, con fechas bastante anteriores al nacimiento de Cristo. Citaban de *todos* los libros del Antiguo Testamento menos Ester, tal cual los tenemos hoy.

¿Y el Nuevo Testamento? En los escritos de la iglesia primitiva durante los primeros siglos de la era cristiana que se conservan intactos, hay citas de *todos* los libros del Nuevo Testamento de nuestros días. De modo que nuestro Nuevo Testamento estaba ya completo en esa época. No se ha agregado ni quitado ningún libro desde ese entonces.

No es que toda la Escritura fuera escrita directamente para nosotros. Parte de ella se relaciona con el pueblo de Israel; algunas partes son pre-cristianas y están dirigidas a los judíos. Pero *toda* ella nos aprovecha, y debemos estudiarla. "Toda Escritura es inspirada divinamente y útil para enseñar, para redargüir, para corregir, para instituir en justicia" (II Timoteo 3:16).

C. DIOS PROPORCIONA LUZ. Dios ilumina su Palabra para quienes la estudian. No es posible agotar el

profundo significado y la aplicación de este Libro maravilloso. Cada vez que se la lee surge con claridad y poder alguna nueva verdad encerrada en sus palabras. Pero Dios ilumina su Palabra por medio del Espíritu Santo. Sin el Espíritu de Dios resulta imposible entender las cosas profundas de Dios. Aquellos que no han aceptado el camino de la salvación, es decir, al Señor Jesucristo, no pueden entender la Biblia. "Cosas que ojo no vio, ni oído oyó, y que jamás entraron en pensamiento humano — las cosas grandes que ha preparado Dios para los que le aman. Pero a nosotros nos las ha revelado Dios por medio de su Espíritu... Pero el hombre natural no recibe las cosas del Espíritu de Dios; porque le son insensatez; ni las puede conocer, por cuanto se disciernen espiritualmente" (I Corintios 2:9-14, V. M.).

Si se lee la Biblia con la mente dispuesta y una oración sincera en busca de entendimiento, el resultado será un mayor grado de luz. Con frecuencia se dice a manera de excusa: "Quiero entender todo lo que enseña la Biblia antes de decidirme a aceptarla". Nadie entenderá jamás *todo* lo que Dios ha escrito, por cuanto sus caminos son superiores a los nuestros, y sus pensamientos están por encima de los nuestros. Pero podemos entender lo suficiente como para darnos cuenta de que somos pecadores y que necesitamos un Salvador, y que Cristo Jesús es el Salvador que Dios nos ofrece. Resuelto este punto, obtendremos más luz. Si recibo a Cristo como mi Salvador personal, el Espíritu Santo me dará más luz. "La luz que se acepta trae luz; la luz que se rechaza trae tinieblas". Sólo podemos dar un paso a la vez. Cuanto más amemos a nuestro Salvador, tanto más entenderemos su Palabra.

Algunos se impacientan y se quedan perplejos porque no entienden todo de inmediato. ¿Acaso es posible esperar que entendamos todo el consejo de Dios en un momento? ¡A quién se le ocurre que un estudiante pueda comprender todos los libros científicos y de matemáticas dedicándoles una sola sesión de lectura! Sin embargo de esto, no tira los libros con disgusto el primer día de clase porque no los puede entender de inmediato. Se inscribe en un curso y se propone dedicarse de lleno y por vida al estudio —día tras día, línea tras línea, poco a poco— hasta que llega a dominar la materia. El estudio bíblico es un estudio para toda la vida, a la par que un placer y un privilegio para toda la vida.

III. La Formación de la Biblia

Podemos decir que el Libro de los libros es una biblioteca de sesenta y seis tomos encuadernados en dos volúmenes, el Antiguo y el Nuevo Testamento. La palabra *testamento* significa pacto o convenio o acuerdo. Se refiere a las relaciones de Dios con la raza humana desde el principio. El Antiguo Testamento tiene que ver con los acontecimientos anteriores a la venida de Cristo. El Nuevo Testamento trata del plan de Dios para la salvación a partir de la venida de Cristo.

Con todo, he aquí algo que debe recordarse al impartir enseñanza bíblica. *La muerte de Cristo*, y no su nacimiento, nos ofrece un nuevo punto de vista. Cristo **era** judío; vivió bajo las condiciones establecidas por el Antiguo Testamento; guardó las leyes de los judíos y el día de descanso judaico. Muchas de sus enseñanzas apuntaban hacia los judíos, empapadas con el espíritu del Antiguo Testamento, y tuvieron su aplicación en ese mismo espíritu. La muerte de Cristo, no obstante, cambió todo. Nos encontramos ahora en el período de la Iglesia, bajo el Nuevo Pacto, el Nuevo Testamento. Desde Moisés hasta Cristo, se extiende el período o dispensación de la ley; desde Pentecostés hasta la segunda venida de Cristo se extiende el período de la gracia, o período de la Iglesia.

La Biblia se divide en varios tipos de libros. El Antiguo Testamento se relaciona principalmente con el pueblo elegido de Dios, los judíos — su historia, su profecía, su ley, y su poesía.

Los libros del Nuevo Testamento, especialmente entre el Evangelio de Juan y la Epístola de Judas, contienen doctrina cristiana, y se aplican en forma especialísima a nosotros en el día de hoy. Es aquí donde encontramos el camino de salvación y la vida cristiana. Antes de la muerte de Cristo imperaba lo *Antiguo;* a partir de su muerte lo *Nuevo.* El Libro del Apocalipsis trata mayormente del futuro; el Libro de Los Hechos es un libro de transición, que une el régimen del Antiguo Testamento con el espíritu del Nuevo Testamento; es un libro de experiencias singulares y de señales especiales destinadas a subrayar la autoridad de los apóstoles.

IV. ¿Contienen la Misma Enseñanza Todas las Biblias?

Los manuscritos originales de la Biblia se escribieron en hebreo y en griego. Todas las Biblias traducidas honradamente de estos originales contienen las mismas enseñanzas. Tanto las Biblias católico-romanas como las protestantes fueron traducidas del hebreo y griego, de manera que las enseñanzas en ambos Nuevos Testamentos son iguales. Cualquier diferencia en el vocabulario se debe al método de traducción empleado (1).

En la época en que se realizaba la traducción al latín, la iglesia romana agregó los libros apócrifos. Estos no han sido incluidos en la Biblia protestante por varias razones: (i) Fueron agregados mucho más tarde (1.500 d. de JC) y no han sido incluidos en las Escrituras hebraicas; (ii) ni Cristo ni los apóstoles se refirieron a ellos jamás; (iii) no concuerdan con las demás Escrituras de la Biblia en cuanto a calidad y carácter. Además, Josefo, el historiador judío, las tildó de "inferiores" e indignas de figurar entre las Escrituras Sagradas.

Mas, sea que se incluyan o no, no modifican las enseñanzas de la Biblia. Son libros de historia incluídos en el

---

(1) La versión española de más uso entre los evangélicos es la de Cipriano de Valera, publicada por las Sociedades Bíblicas. Esta versión en su forma más completa salió de la prensa primero en el año 1602, pero se basaba en la obra anterior de Cassiodoro de la Reina, cuya versión apareció en el año 1569. Actualmente se está haciendo una revisión de esta versión de Valera.

Entre los católico-romanos no se publicó en España ninguna versión de la Biblia en el idioma del pueblo hasta fines del siglo dieciocho. Quizás la más conocida es la versión de Félix Torres Amat, publicada en Madrid en 1825. Esta versión, como todas las versiones católico-romanas hasta hace pocos años, fue traducida no de los idiomas originales sino de la Vulgata latina. Pero en los últimos quince años se han visto varias traducciones, como la Nácar-Colunga, que se hicieron directamente del hebreo y griego. Estas versiones son casi iguales con las versiones protestantes, aparte de los libros apócrifos.

Antiguo Testamento, y no tienen conexión alguna con la doctrina cristiana.

V. La Autoridad de la Biblia

Desde que la Biblia es el *único* cuerpo de escrituras dado por Dios, debemos tomarla *sola* como la base de la religión. Si Dios hubiese querido que tuviésemos más información, nos la hubiera dejado estampada por escrito, en lugar de dejar que la imaginación de los hombres completase los detalles.

Es verdad que Juan 20:30,31 dice: "Y también hizo Jesús muchas otras señales en presencia de sus discípulos, que no están escritas en este libro. Estas empero son escritas, para que creáis que Jesús es el Cristo, el Hijo de Dios; y para que creyendo, tengáis vida en su nombre". Aun cuando pudiera haber muchas cosas que acontecieron en la época de Jesús que no están escritas en los Evangelios, no podemos de modo alguno confiar en la tradición o en la transmisión verbal para agregar a la inspirada Palabra de Dios. "Todo hombre es mentiroso", y no puede ni siquiera informar con exactitud sobre una noticia ocurrida el día anterior; cuánto menos se le podrá confiar la transmisión oral de siglo a siglo de verdades espirituales que pudieran significar bendición o maldición eterna para quienes las aceptasen.

En algunas iglesias surgen continuamente nuevos dogmas o prácticas. Pero si fueran realmente de Dios tales adiciones, ¿por qué habría de esperar tantos siglos para revelarlas? El apóstol Pedro hace referencia a la "vana conversación, la cual recibisteis de vuestros padres" (I Pedro 1:18). "Invalidando la palabra de Dios con vuestra tradición que disteis" (Marcos 7:13).

El fundamento de nuestra fe es Cristo mismo. Todos los escritos de los profetas y apóstoles están basados en él. "Edificados sobre el fundamento de los apóstoles y profetas, siendo la principal piedra del ángulo Jesucristo mismo" (Efesios 2:20). Cuando edificamos nuestra religión o creencias exclusivamente sobre Cristo y sus enseñanzas, sabemos que estamos seguros. Los originadores de doctrinas falsas escogen partes de la Biblia y levantan sobre ellas sus ideas y sistemas. Sin embargo, una religión que tenga una sola enseñanza errónea no podría constituir la verdad de Dios. Dios no comete un solo error.

Cada cual tiene derecho a su propia opinión, pero cuando se trata de un asunto de verdad o error, solamente la Palabra de Dios tiene derecho a atribuirse la autoridad final. "¡A la ley y al testimonio! Si no dijeren conforme a esto, es porque no les ha amanecido" (Isaías 8:20). "Si alguno viene a vosotros, y no trae esta doctrina, no lo recibáis en casa, ni le digáis: ¡bienvenido!" (II Juan 10).

Cierto caballero me dijo, "Sencillamente no puedo avenirme a semejantes enseñanzas acerca del infierno. Son contrarias a la educación que he recibido".

"Sin embargo, la Biblia enseña más acerca del infierno que acerca del cielo", respondí.

"De cualquier manera, me resulta imposible creerlo". Tenía una idea fija en la mente.

"¿Quiere decir, entonces, que no cree lo que dice Dios?" le pregunté.

"Claro que creo lo que dice Dios", me aseguró; "pero no creo en el infierno".

"En este caso alguno se ha equivocado", le dije. "Si Dios dice que el infierno existe, y usted afirma que no, ¿quién tiene razón? ¡O usted o Dios está equivocado!"

VI.   El Mensaje de la Biblia

El Libro todo es una *armonía*. Tiene un solo tema, un solo "héroe", un solo propósito. Por asombroso que parezca, todos los escritores (más de cuarenta), que escribieron bajo la dirección de Dios, proclamaron el mismo mensaje, y sus escritos se entrelazan perfectamente, aun cuando vivieron en siglos diferentes y muchos no estaban enterados de lo que habían escrito los demás.

El tema de la Biblia es *el Salvador que libra del pecado*. Dios exige la muerte como pena por el pecado; "pues que todos han pecado... No hay justo, ni aun uno... el mundo todo se tenga por reo delante de Dios..." (Romanos 3, V. M.). "La paga del pecado es muerte" (Romanos 6:23). "El alma que pecare, esa morirá" (Ezequiel 18:4).

Comenzando en el jardín de Edén, cuando Adán y Eva pecaron, vemos representada la historia de la expiación. "Sin derramamiento de sangre no se hace remisión" (Hebreos 9:22). Dios vistió a Adán y Eva con pieles de animales. Murió un animal para suministrar la piel; se derramó sangre.

La sangre de los animales no puede nunca quitar el pecado (Hebreos 10:11), pero es una figura del "Cordero de Dios, que quita el pecado del mundo" (Juan 1:29). Antes que el mundo o el hombre fuera creado, Cristo ya había sido elegido como Sustituto para los pecadores culpables que lo recibieran como su Salvador. Todos los sacrificios y ceremonias del Antiguo Testamento eran lecciones objetivas de la venida del Salvador — "la sangre preciosa de Cristo... cordero sin mancha y sin contaminación" (I Pedro 1:19). "Nuestro Señor Jesucristo... se dio a sí mismo por nuestros pecados para librarnos de este presente siglo malo, conforme a la voluntad de Dios y Padre nuestro" (Gálatas 1:3,4).

Una madre cristiana me contó el siguiente relato sobre su hijo. Fue aviador durante la II Guerra Mundial. Tres hombres componían la tripulación del pequeño bombardero que volaba sobre Alemania todos los días. Después de andar juntos durante tanto tiempo se hicieron grandes amigos. Un día, regresando de una incursión, fueron intensamente atacados con armas antiaéreas. El bombardero en la cola del avión fue alcanzado y yacía inconsciente; luego fue alcanzado el motor. El piloto procuró guiar el avión hacia la zona aliada ya que estaban tan cerca. Todo iba bien hasta que otro disparo arrancó una de las alas. De inmediato comenzaron a caer en barrena y los dos hombres en la cabina procuraron apresuradamente saltar con sus paracaídas. En ese momento recordaron a su compañero en la parte posterior del avión. Consiguieron levantarlo, dieron un tirón a la cuerda del paracaídas y lo lanzaron al aire. El paracaídas se abrió como un blanco paraguas y descendió lentamente llevado por la brisa hacia la zona aliada. El muchacho se salvó.

Pero los otros dos no tuvieron tiempo de saltar; el avión los arrastró a la muerte.

Cuando aquella madre me contó esta historia, con lágrimas que le bañaban el rostro, sonrió con orgullo, y agregó, "¡Mi hijo era el piloto!"

"Nadie tiene mayor amor que éste, que ponga alguno su vida por sus amigos" (Juan 15:13).

Pero el Señor Jesucristo murió por sus enemigos. "Siendo aún pecadores, Cristo murió por nosotros" (Romanos 5:8).

Con la venida de Cristo todos los detalles del Antiguo Testamento cobran vida, por cuanto él es el cumplimiento de todos los tipos y figuras, y el cumplimiento de la ley y los profetas. El mismo dijo: "No penséis que he venido para abrogar la ley o los profetas: no he venido para abrogar, sino a cumplir" (Mateo 5:17). Vino a cumplir o completar lo *Antiguo* para establecer lo *Nuevo*. En el Antiguo Testamento los hombres se salvaban esperando con fe la venida del Salvador; en el Nuevo Testamento son salvos por fe en el Salvador que vino. La salvación siempre es por fe. Vivimos en el período de la gracia, en el cual tenemos el Nuevo Testamento que nos enseña acerca del Salvador y su obra. No necesitamos acudir al altar de ningún templo para ofrecer sangre de animales.

VII. Cómo Entender la Biblia

A. SE DEBE LEERLA Y ESTUDIARLA TODOS LOS DIAS. Cuanto más leemos, tanto más la comprendemos. "Desead, como niños recién nacidos, la leche espiritual... para que por ella crezcáis" (I Pedro 2:2). "Escudriñad las Escrituras, porque a vosotros os parece que en ellas tenéis la vida eterna; y ellas son las que dan testimonio de mí" (Juan 5:39).

B. ACOMPAÑESE LA LECTURA CON ORACION. "Abre mis ojos, y miraré las maravillas de tu ley" (Salmo 119:18).

C. AMAR A SU AUTOR. La Biblia es una "carta de amor" de Dios para nosotros. Cuando la leemos, aprendemos más de su amor y "le amamos porque él nos amó primero". Cuanto mejor conocemos al Señor, tanto más nuestro corazón siente el calor de su presencia, y tanto más preciosa se nos hace su Palabra.

VIII. ¿Cómo Podemos Saber que la Biblia es la Palabra de Dios?

Cierto es que la Biblia afirma que es la Palabra de Dios, pero ¿existen pruebas en este sentido fuera de la Biblia misma? Analicemos algunas cosas relacionadas con este Libro maravilloso, que prueban que fue inspirado por Dios.

A. La Biblia es una historia, no de uno solo, sino de muchos acontecimientos, escrita con anterioridad a los mismos. Proporciona datos detallados sobre sucesos relacionados con el pueblo de Israel *antes que acontecieran;* hace referencia a la vida y muerte de Cristo *antes que él viniera;* anuncia *por anticipado* las condiciones del mundo. Alguno podrá decir: "Está claro por qué Jesús cumplió las profecías; conocía las Escrituras y por lo tanto hizo lo que ellas decían". ¿Indujo a los soldados romanos a echar suertes sobre sus vestiduras y a ofrecerle vinagre y hiel? ¿Quién les indicó que debían clavarlo a la cruz? Este era el método romano de ejecutar, pero era desconocido en la época en que David escribió los Salmos que describen la crucifixión.

¿Quién hizo que los soldados romanos hiriesen su costado y no le quebrasen las piernas? ¿Conocían ellos también las Escrituras? Más' aún, ¿hubieran procurado cumplirlas?

B.   La Biblia contiene un mensaje conexo, enseñanza armónica, a pesar del hecho de que hubo tantos escritores separados a lo largo de muchos años, y que pocos conocían lo que habían escrito los otros. Todo esto no puede tomarse como mera coincidencia.

C.   Con frecuencia los escritores sagrados no entendían plenamente lo que escribían. No podían entenderlo, por cuanto mucho de lo que escribieron se cumplió mucho después. Considérese el incidente del sueño de Nabucodonosor, por ejemplo. Daniel pudo relatarle el sueño y darle su interpretación (Daniel 2:37-45). Le dijo al rey que Babilonia estaba representada por la cabeza de oro en la visión de la gran imagen. ¡Un asunto fácil, seguramente, porque Daniel vivía en Babilonia! Pero luego profetizó que, "después de ti se levantará otro reino menor que tú; y otro tercer reino de metal, el cual se enseñoreará de toda la tierra. Y el reino cuarto será fuerte como hierro..." Con posterioridad a la época de Daniel esta profecía se ha cumplido al pie de la letra.

D.   Las profecías ya cumplidas y las que aún hoy se están cumpliendo constituyen una prueba sólida de que las otras predicciones también se cumplirán. A pesar de los esfuerzos realizados para desestimarla, la Biblia se mantiene inconmovible.

E.   Tanto la arqueología como las demás ciencias se ven continuamente obligadas a admitir la veracidad de la Biblia. Los llamados errores de la Biblia se han transformado en errores de los críticos. Ya en la época de Moisés, Dios ordenó que quienes cuidaban enfermos se protegieran la boca con un paño, y, sin embargo, en el mundo médico el conocimiento de los gérmenes es cosa de las últimas décadas. No obstante que en la época de Colón la gente todavía creía que la tierra era plana, miles de años antes la Biblia ya afirmaba que Dios "está sentado sobre el globo de la tierra".

Los hombres ridiculizaban el pasaje de I Corintios 15:39: "Toda carne no es la misma; mas una carne ciertamente es la de los hombres, y otra carne la de los animales, y otra la de los peces, y otra la de las aves". La carne es carne, afirmaban. La sangre, los huesos y la carne están —decían— formadas por células comunes a todas las especies. Pero en los últimos cien años la ciencia ha tenido que admitir que la estructura celular de cada especie es diferente de la de las demás. A esto se debe la imposibilidad de la transmutación o la mezcla de especies.

F. Dios aparte, ¿cómo hubiera podido el hombre concebir el carácter de un Dios santo con un corazón de amor? ¿Cómo hubieran podido los hombres concebir un Dios todopoderoso que concede a sus criaturas libre determinación? ¿Cómo hubieran podido hombres pecadores imaginar un Cristo sin pecado, o la salvación por gracia?

G. Si la Biblia reconociera origen humano, ¿hubiera proclamado la total corrupción de la humanidad? Todas las religiones falsas se basan en la capacidad del hombre para mejorarse y salvarse por sus propios esfuerzos y sus buenas obras.

H. Dios no blanquea por fuera a sus héroes. Se menciona su pecado por negro que sea. Los pecados de los hombres y el juicio de Dios no han sido disimulados, como hubiera sido el caso si la Biblia hubiese sido escrita por hombres.

I. De conformidad con ciertas normas editoriales, muchos pasajes hubieran sido suprimidos de la Biblia si fuese un libro de factura humana. Largas listas de nombres, descripciones repetidas de ceremonias, duplicaciones en los Evangelios, hubieran sido omitidas y pulidas para facilitar la lectura. Pero Dios las ha dejado con algún fin determinado, aun cuando sólo fuese para mostrarnos su interés y preocupación por los detalles más pequeños de nuestra vida.

J. A través de los tiempos, quienes aborrecen la Biblia han procurado aniquilarla, no obstante lo cual sigue siendo el mayor éxito de librería. "El cielo y la tierra pasarán, mas mis palabras no pasarán".

K. Sólo la Palabra de Dios puede transformar al hombre arruinado en un santo. Las organizaciones filantrópicas podrán ayudar al hombre caído a ascender la escala de la respetabilidad, pero ninguna de ellas puede cambiar su carácter. Podrán cambiar sus hábitos, pero no su corazón.

L. Ningún otro libro ofrece un incentivo suficientemente poderoso para vencer el pecado. No hay límite al número de escritos que indican cómo ser bueno; no faltan las perogrulladas y reglas para la vida, pero ninguno puede ofrecer remedio alguno que no sea el mejoramiento propio para el hombre caído. En cambio la Palabra de Dios ofrece al Espíritu Santo, que entra a morar en el creyente y lo capacita para la nueva vida. La Biblia soluciona los problemas de la vida y de la muerte.

M. La Biblia es un Libro viviente, siempre de actualidad, tan práctico hoy como lo era hace 1.900 años. Satisface al corazón hambriento; guía al perplejo; consuela al afligido; ilumina a los que se encuentran sumidos en ceguera espiritual. ¡La Palabra de Dios salva almas! "La fe viene por el oír, y el oír por la Palabra de Dios" (Romanos 10:17).

IX. ¿Por Qué no Darle una Oportunidad a la Biblia?

Es posible que el lector haya considerado muchos modos de vida, muchas filosofías. ¿Por qué no se le ha de dar a la Biblia una oportunidad para que demuestre su valor? Comiéncese sin dilación. A la vez que se estudia estas lecciones, comiéncese la lectura de la Biblia con la mente abierta y el corazón expectante. Cotéjense los versículos y léase el contexto, orando de esta manera: "Señor, quiero conocer el mensaje de tu Palabra; prometo escudriñarla sincera y seriamente si tú me ayudas. Muéstrame lo que debo creer. Amén".

Comiéncese leyendo el Evangelio de Juan; seguidamente Los Hechos, Santiago, Pedro, I Juan, y luego cualquier otro libro del Nuevo Testamento. Finalmente léase el Antiguo Testamento.

Una joven madre que no tenía la costumbre de asistir a la iglesia, se indignó cuando su hija volvió a casa y le dijo, "Mamá, ¿tú conoces a Dios?"

"¡Por supuesto que conozco a Dios! ¿Qué piensas que soy? ¿Pagana?"

"Pero es que tú no vas a los cultos, ni lees la Biblia, como lo hacen las madres de muchas de mis amigas", insistió la niña.

En parte porque sentía herido su amor propio, y en parte a modo de justificación, la madre comenzó a buscar su Biblia. La buscó por todas partes. Por fin la encontró en el fondo de un baúl.

Pero... ¿qué leer? Cerrando los ojos la abrió al azar. Se abrió en el libro de Juan. Se sentó a leer.

Su esposo volvió a la hora de la cena. Le dijo ella, "¡Siéntate, y escucha esto!" Juntos prosiguieron la lectura. Cuando terminaron de leer el libro de Juan se había hecho tarde. Allí mismo, casi sin hablar, se arrodillaron juntos y rogaron a Dios que los salvara.

Lo hizo, naturalmente. ¡Hoy esa madre va a los servicios de la iglesia!

CUESTIONARIO

1. ¿Pueden los indoctos entender la Biblia? (II Timoteo 3:15).

2. ¿Qué demuestra la naturaleza? (Salmo 19:1-3; Romanos 1:20).

3. ¿Quién es el Verbo? (Juan 1:14; Apocalipsis 19:11-16).

4. ¿Cómo nos vino la Biblia? (II Timoteo 3:16; II Pedro 1:21).

5.   ¿Ha dado Dios alguna nueva enseñanza después que se completó la Biblia? (Apocalipsis 22:18,19).

6.   ¿Quiénes no pueden entender la Biblia? (I Corintios 2:14).

7.   ¿Por qué fue escrita la Biblia? (Juan 20:31).

8.   ¿Podemos confiar en las tradiciones?   (I Pedro 1:18).

9.   ¿Cuál es el fundamento de nuestra fe? (Efesios 2:20).

10. ¿Cómo podemos distinguir entre la verdad y el error? (Isaías 8:20).

11. ¿Debemos colaborar con los que no enseñan la verdad? (II Juan 10).

12. ¿Cuál es el tema principal de la Biblia? (Juan 1:29; Gálatas 1:3,4).

13. ¿Puede la sangre de los animales quitar el pecado? (Hebreos 10:11).

14. ¿Qué enseñan las Escrituras? (Juan 5:39).

15. ¿Qué debemos pedir en oración cuando leemos la Biblia? (Salmo 119:18).

16. ¿Qué es lo que nos lleva al conocimiento de la salvación? (II Timoteo 3:15).

17. ¿Debemos basar una doctrina sobre versículos aislados de la Biblia? (II Pedro 1:20).

18. ¿Qué lugar ocupa Cristo en el plan de Dios? (Hebreos 1:2,3).

19. ¿Eran las enseñanzas de los apóstoles meras palabras de hombres? (I Tesalonicenses 2:13).

20. ¿Cuáles enseñanzas nos ofrece la Biblia? (II Timoteo 3:16,17).

2

¿COMO ES DIOS?

¿COMO SABEMOS que hay un Dios?

A quienes nos exigen que les demostremos que Dios existe, debiéramos exigirles que nos demuestren que no hay Dios.

La naturaleza misma es prueba suficiente de que hay un Dios. La Biblia nos indica cómo es Dios. "Los cielos cuentan la gloria de Dios, y el firmamento manifiesta la obra de sus manos... No hay dicho, ni palabras, ni es oída su voz; empero por toda la tierra ha salido su melodía, y hasta los cabos del mundo sus palabras" (Salmo 19:1,3,4, V. M.). "Porque lo que de Dios se conoce, a ellos (los que dudan de la existencia de Dios) es manifiesto; porque Dios se lo manifestó. Porque las cosas invisibles de él (Dios), su eterna potencia y divinidad, se echan de ver desde la creación del mundo, siendo entendidas por las cosas que son hechas; de modo que son inexcusables" (Romanos 1:19,20).

I. ¿Quién es Dios?

"Dios es Espírtiu; y los que le adoran, es menester que le adoren en espíritu y en verdad" (Juan 4:24, V. M.).

El espíritu es persona; la persona es espíritu. Dios no es sencillamente influencia o mente o subconciencia — es una Persona viviente dotada de conocimiento, sentimiento, voluntad, justicia, amor, y todas las facultades que diferencian a la persona del mundo animal.

Existen diversas clases de espíritus o personas — las personas de la deidad; los ángeles, entre los que se encuentran los ángeles buenos y malos, Satanás y los demo-

nios; y las personas humanas. Todas son inmortales y vivirán por toda la eternidad. Con todo, sólo los seres humanos están limitados a cuerpos físicos, mientras permanecen en la tierra. Dios se ha revelado a los hombres en diversas formas físicas. Apareció a Moisés en la zarza que ardía; a Job en un torbellino; a Adán en el aire del día; pero solamente fue cuando el Hijo de Dios "fue hecho carne, y habitó entre nosotros" (Juan 1:14) que tomó Dios forma humana y vivió aquí en la tierra. María no es la "madre de Dios", por cuanto él no tiene principio, sino que ella concibió el cuerpo en el cual Dios habría de morar. Satanás y los ángeles también han aparecido en formas visibles en el transcurso de la historia bíblica. Con todo, los espíritus o personas son realidades invisibles.

II. Dios es un Dios Trino

La palabra *trinidad* no aparece en las Escrituras, pero el significado de "tres en uno" se desprende con toda claridad. Comenzando con el primer versículo de la Biblia, la lengua hebrea dice: "En el principio Dios (Elohim, vocablo indicativo de tres personas) crió (singular) los cielos (vocablo indicativo de pluralidad; dos cielos fueron creados, el tercer cielo es eterno) y la tierra (singular)" (Génesis 1:1).

Luego, en el versículo 26, Dios dijo, *"Hagamos* al hombre a *nuestra* imagen". ¿Se refería Dios a los ángeles con ese término en plural? No. El versículo siguiente lo contesta. "Y crió Dios al hombre a su imagen".

La Biblia enseña que Dios Padre es Dios (Romanos 1:7).

A Dios Hijo se le llama Dios (Colosenses 2:9; Hebreos 1:8).

A Dios Espíritu Santo se le llama Dios (Hechos 5:3,4).

Todos son iguales en gloria, en poder, y en características. Las tres Personas tienen los atributos exclusivos de Dios. El nombre de Dios nunca aparece colocado junto al de hombre alguno, en forma semejante a la bendición en II Corintios 13:13: "La gracia del Señor Jesucristo, y el amor de Dios, y la participación del Espíritu Santo sea con vosotros todos. Amén". En ninguna circunstancia podría cambiarse alguno de estos nombres por el de un hombre o una mujer.

Considérese la gran comisión en Mateo 28:19,20: "Por tanto, id y doctrinad a todos los gentiles, bautizándolos en el nombre del Padre, y del Hijo, y del Espíritu Santo". ¡Qué inapropiado sería colocar el nombre de algún pastor en lugar de uno de estos nombres! El nombre de Dios sólo aparece junto al propio nombre de Dios.

En el bautismo de Jesús encontramos a las personas de la Trinidad representadas simultáneamente. Jesús fue bautizado, el Espíritu Santo descendió en forma de paloma, y el Padre habló desde el cielo. Jesús mismo dice en Juan 14:16,17: "Yo rogaré al *Padre*, y os dará otro Consolador... al *Espíritu de verdad*".

Ahora bien, ¿qué se entiende cuando se dice que Cristo es el "Hijo de Dios"? ¿Significa esto que Cristo ha sido creado por Dios Padre? Cristo es el *Hijo eterno*. El que sea Hijo de Dios se refiere a su *relación* y no a su

origen. Cristo jamás fue creado por Dios Padre, por cuanto él mismo es Dios. Véase los siguientes versículos en los cuales se llama a Cristo Dios: I Timoteo 3:15; Juan 1:1-3,14; Romanos 9:5; I Juan 5:20; I Timoteo 3:16; Mateo 1:23.

Cristo se hizo físicamente el "unigénito del Padre" al nacer como hombre, y es llamado también el "primogénito de los muertos", por cuanto se levanta de entre los muertos (Colosenses 1:18). El Jehová del Antiguo Testamento es el Señor del Nuevo Testamento, y se refieren ambos al SEÑOR Dios y al SEÑOR Jesucristo (Hechos 2:32-36).

Dios es uno en esencia y uno en Deidad, pero en *tres Personas*. "Jehová nuestro Dios, Jehová *uno* es" (Deuteronomio 6:4). ¿Cómo puede, entonces, hablarse de tres Personas? La palabra hebrea que en este caso se traduce *uno* tiene sentido plural. Tiene el mismo alcance que cuando Dios dice que marido y mujer serán una carne. Es una unidad compuesta, de la misma manera en que hablamos de una familia (que está compuesta de varios miembros) o un rebaño, o una multitud.

En la naturaleza hay muchas trinidades. El hombre está formado por cuerpo, alma y espíritu. La electricidad tiene luz, sensación y calor. Un triángulo equilátero tiene tres ángulos iguales y tres lados iguales. Pero ninguna ilustra adecuadamente la Trinidad, porque Dios Padre no es una *parte* de Dios, ni el Hijo ni el Espíritu Santo son partes de Dios. Cada cual es plenamente Dios.

Podríamos valernos de la ilustración de la fórmula química del agua: H_2O. Dos partes de hidrógeno y una parte de oxígeno en estado líquido se llama agua. Cuando se las calienta, produce vapor; cuando se las enfría, constituyen hielo. En los tres estados la fórmula química es la misma, pero se manifiesta en formas diferentes. Dios es esencialmente uno, pero en tres Personas.

Nuevamente valgámonos de una ilustración: la *hu-*

manidad. Supongamos que la raza humana estuviera compuesta por sólo tres personas. Las tres constituirían la humanidad, pero en tres personas. Comparemos en seguida la humanidad con la *deidad*. La deidad es una sola, pero en tres Personas. Las tres son Dios, pero cada cual tiene su propia función y misión.

Se dirá que es imposible entender esta verdad acerca del trino Dios. La verdad es que aun en la naturaleza hay muchas cosas que no podemos entender; pero ello no impide que las creamos, porque hemos comprobado que realmente son así. No podemos entender cómo es que el ingerir alimentos nos da fuerzas para trabajar; pero, de todas maneras, no nos quedamos sin comer. Es como el enigma popular: ¿Cómo es que una vaca parda come hierba verde y produce leche blanca? Ya que no podemos entender esto, dejemos, pues, de tomar leche en adelante. Pues si hay tantas cosas en la naturaleza que no podemos entender, y sin embargo las aceptamos y las aprovecha-

mos para nuestro deleite, ¿por qué hemos de objetar cuando descubrimos que Dios ha manifestado cosas que no estamos en condiciones de entender? Después de todo, él hizo la vaca; ¿acaso no sería razonable suponer que tiene otras cosas más elevadas, que nuestras mentes finitas no pueden comprender? "Porque mis pensamientos no son vuestros pensamientos, ni vuestros caminos mis caminos, dijo Jehová. Como son más altos los cielos que la tierra, así son mis caminos más altos que vuestros caminos, y mis pensamientos más que vuestros pensamientos" (Isaías 55:8,9).

En el esquema que sigue podemos ver la función de cada miembro de la Deidad.

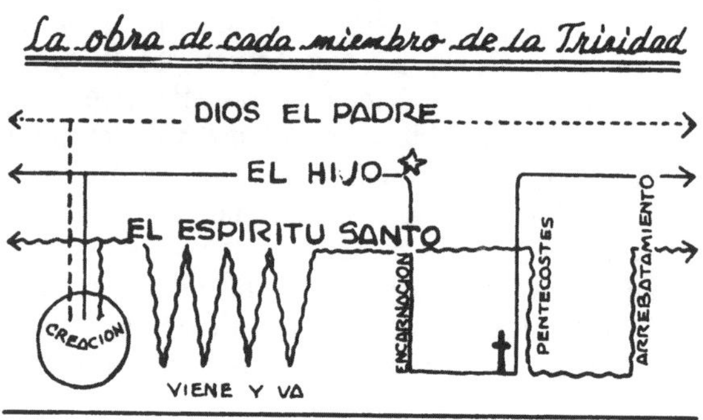

A Dios Padre se lo relaciona con el cielo. Participó en la creación, y su gloria se manifestó en el tabernáculo y en el templo.

Dios Hijo estuvo vinculado a la creación; se manifestó a los hombres en forma humana como "el ángel de Jehová" en la época del Antiguo Testamento, pero se hizo carne y nació de la virgen cuando vino al mundo a morar por espacio de treinta y tres años. Después de su muerte y resurrección volvió a la gloria, donde se encuentra en la actualidad a la diestra del trono de Dios, y de donde algún día regresará otra vez a la tierra.

Dios Espíritu Santo intervino en la creación. En los días del Antiguo Testamento descendía sobre los hombres con el fin de bendecirlos y auxiliarlos, pero no permanecía con ellos para siempre. El Espíritu Santo descendió sobre María cuando concibió el cuerpo en el que había de morar el Cristo. Descendió sobre Cristo cuando fue bautizado, y durante su ministerio. Estuvo en la resurrección de Cristo. El día de Pentecostés el Espíritu Santo vino a morar en la tierra, con el objeto de convencer y convertir a los pecadores. Se encuentra en el mundo actualmente y permanecerá aquí hasta que la iglesia sea llevada al cielo.

III. Las Características de Dios

Dios es diferente de todo otro espíritu o persona, y los siguientes atributos demuestran su deidad. Sólo Dios posee estas cualidades, y los tres miembros de la Trinidad tienen las mismas características; por lo cual los tres son *Dios*.

A. DIOS ES ETERNO. "Antes que naciesen los montes y formases la tierra y el mundo, y desde el siglo y hasta el siglo, tú eres Dios" (Salmo 90:2). Dios vive en el presente eterno. No tiene principio ni fin. No necesita calcular el tiempo en años. Es *infinito*. La dificultad radica en que nosotros somos *finitos*. ¡Nuestras mentes no pueden profundizar el significado de la eternidad! Nues-

tro concepto del tiempo está limitado a la historia pasada de la humanidad, es decir, a unos cuatro a seis mil años cuando más. ¿Acaso el hecho de que no podemos entender lo infinito significa que no existe tal cosa? La eternidad y la infinidad sobrepasan nuestra comprensión. "Un día delante del Señor es como mil años y mil años como un día" (II Pedro 3:8). Claro está que esto no significa que cuando la Biblia habla de un día se debe entender mil años. La Biblia fue escrita para el hombre, y buena parte de sus referencias a medidas de tiempo en la Biblia corresponde a años literales, como los nuestros.

Dios tiene existencia propia. Este es otro punto que no podemos comprender. ¿Cómo es posible que persona alguna no tenga principio? ¿Cómo es posible que alguien exista siempre y se dé vida a sí mismo? Naturalmente que esto sólo puede ser verdad con respecto al todopoderoso DIOS. "El Padre tiene vida en sí mismo" (Juan 5:26). Dios es el "YO SOY", el ser eterno, de existencia propia. "Y respondió Dios a Moisés: YO SOY EL QUE SOY" (Exodo 3:14).

A Cristo no solamente se le llama Dios, sino que tiene también este atributo de Dios: es eterno (Juan 17:5; Isaías 9:6; Hebreos 13:8; Colosenses 1:17).

El Espíritu Santo es eterno (Hebreos 9:14).

B. DIOS ES EL CREADOR. "En el principio crió Dios los cielos y la tierra" (Génesis 1:1). "Crear" significa hacer algo a partir de la nada. Comenzando desde la nada, Dios hizo el universo por la palabra de su boca. Cuando Dios dijo, "Sea", las cosas comenzaron a existir. ¡Cómo se ha esforzado la ciencia en refutar esta verdad de la Biblia! ¡Cómo han trabajado para demostrar que las cosas tuvieron otro origen! Pero siempre se ven obligados a volver al principio y admitir que no saben. Ya que la Palabra de Dios ha demostrado su veracidad en tantas otras cosas, y en vista de que la profecía, la arqueología y la ciencia prueban todas que la Palabra de Dios es verdad, ¿por qué no hemos de aceptar su testimonio en cuanto se relaciona con la creación?

Mas nótese la participación de Cristo en la creación: "Porque por él fueron criadas todas las cosas que están en la tierra, visibles e invisibles; sean tronos, sean domi-

nios, sean principados, sean potestades; todo fue criado por (mediante) él y para él. Y él es (nótese el tiempo presente en relación con Cristo también, él es el YO SOY, Jehová) antes de todas las cosas, y por él todas las cosas subsisten (se mantienen unidas)" (Colosenses 1:16-17).

Nótese esto también: "Este era en el principio con Dios. Todas las cosas por él fueron hechas; y sin él nada de lo que es hecho, fue hecho" (Juan 1:2,3).

También el Espíritu Santo interviene en la creación. "Y el Espíritu de Dios se movía sobre la haz de las aguas" (Génesis 1:2).

Los ateos que desafían a Dios y rechazan a Jesucristo "subsisten" precisamente por Aquel a quien desafían. ¡Qué ironía! Es como si una muñeca de papel se volviera contra el que la hizo y le dijera, "¡No creo en tu existencia!"

C. DIOS ES TODOPODEROSO (OMNIPOTENTE). "Y respondió Job a Jehová, y dijo: Yo conozco que todo lo puedes" (Job 42:1,2). No hay cosa alguna que Dios no pueda hacer; pero hay dos cosas que Dios *no* hace jamás—no peca, y *no fuerza la voluntad de los hombres.* Dios nos ha dado libre voluntad para elegir si hemos de amarle y obedecerle, y deja por cuenta nuestra la elección.

Cuando hablamos de la voluntad de Dios, no se ha de olvidar que la misma tiene dos fases. Está la voluntad primaria o perfecta de Dios, aquello que él desea y para lo cual hizo al hombre—"que le amemos, le glorifiquemos y hallemos en él nuestro deleite por siempre jamás". Dios no quiere que "ninguno perezca, sino que todos procedan al arrepentimiento" (II Pedro 3:9).

Por otra parte, tenemos la voluntad permisiva de Dios. En razón de que los hombres prefieren resistir la voluntad de Dios y seguir sus propios caminos, encuentran luego que "hay camino que al hombre parece derecho; empero su fin son caminos de muerte" (Proverbios 14:12). Hay muchos pasajes conmovedores en la Biblia, pero algunos de los que más conmueven son los que transcriben palabras de Cristo mismo: "No queréis venir a mí, para que tengáis vida" (Juan 5:40). "¡Cuántas veces quise juntar tus hijos, como la gallina junta sus pollos debajo de las alas, y no quisiste!" (Mateo 23:37).

El hecho asombroso es que el Dios que puede hacer cualquier cosa, que nos creó, *no fuerza nuestra voluntad*. Nos permite elegir libremente. ¡He aquí otra prueba de la verdad de la Biblia! ¡Ninguna mente humana hubiera concebido un Dios así!

Sí, Dios es todopoderoso; y sin embargo, nosotros limitamos el poder de Dios con nuestra incredulidad, con nuestra falta de espíritu de oración, y nuestro pecado.

Por otra parte, qué gozo da el saber que tenemos un Dios "que es poderoso para hacer todas las cosas mucho más abundantemente de lo que pedimos o entendemos, por la potencia que obra en nosotros" (Efesios 3:20).

Jesucristo es todopoderoso (Mateo 28:18).

El Espíritu Santo es el Espíritu de poder (Lucas 1:35).

D. DIOS NO CAMBIA (ES INMUTABLE). "Porque yo Jehová, no me mudo" (Malaquías 3:6). El Padre de las luces, en el cual no hay mudanza, ni sombra de variación" (Santiago 1:17). La actitud de Dios hacia la justicia y el pecado es invariable. Jamás cambia de parecer, por cuanto conoce todo desde principio a fin. Quizá alguno se pregunte: "Si es así, ¿por qué modificó Dios su palabra en cuanto a Nínive? Con razón no quiso Jonás predicarles si sabía que había la posibilidad de que Dios no cumpliera el juicio que Jonás estaba encargado de predicar con respecto a ella". No se olvide que Dios modificó su juicio sobre Nínive porque Nínive modificó su andar. Dios cambió su manera de tratar al pueblo de Nínive en la medida en que ellos cambiaron su manera de vivir. Dios siempre castiga el pecado; cuando los hombres se arrepienten y cambian su manera de obrar, Dios puede bendecirlos en lugar de castigarlos.

Cristo es inmutable (Hebreos 13:8).

El Espíritu Santo es inmutable (Juan 14:16).

E. DIOS ESTA EN TODAS PARTES (OMNIPRESENTE). "¿Adónde me iré de tu espíritu? ¿Y adónde huiré de tu presencia? Si subiere a los cielos, allí estás tú... Si tomare las alas del alba, y habitare en el extremo de la mar, aun allí me guiará tu mano, y me asirá tu diestra" (Salmo 139:7-10).

Dios se encuentra en todas partes del universo y cerca de cada persona. Mediante el poder creativo de Dios el mundo se mantiene en movimiento, la vegetación sigue creciendo, y la vida animal y humana continúa. La omnipresencia de Dios se manifiesta en su poder para

hacer que las cosas subsistan. ¿Se podrá decir que Dios está en una isla desierta y deshabitada? Si no estuviera allí en su poder creador, ¿cómo crecería la hierba, o cómo se mantendría la isla? Se encuentra en todas partes para que las cosas subsistan, para que la hierba siga creciendo, los insectos vivan, y el mar no se salga de sus límites.

No obstante, es dable afirmar que cuando hay un hombre en esa isla, Dios está allí en un sentido especial, para realizar su obra en el corazón de ese ser humano.

"¿Acaso soy yo Dios tan sólo de cerca? dice Jehová: ¿podrá alguien ocultarse en escondrijos tales que no le vea yo? dice Jehová: ¿no lleno yo los cielos y la tierra? dice Jehová" (Jeremías 23:23,24, V. M.). No podemos escondernos de Dios.

Jesucristo está en todas partes (Mateo 28:20).

El Espíritu Santo está en todas partes (Salmo 139: 7-10).

F. DIOS LO SABE TODO (OMNISCIENTE). "Oh Jehová, tú me has examinado y conocido. Tú has conocido mi sentarme y mi levantarme, has entendido desde lejos mis pensamientos. Mi senda y mi acostarme has rodeado, y estás impuesto en todos mis caminos. Pues aun no está la palabra en mi lengua, y he aquí, oh Jehová, tú la sabes toda. Detrás y delante me guarneciste y sobre mí pusiste tu mano. Más maravillosa es la ciencia que mi capacidad; alta es, no puedo comprenderla" (Salmo 139: 1-6).

Para quienes aman a Dios es consolador en gran manera saber que él conoce el pasado, el presente y el futuro, y que todas las cosas están en sus manos. ¡Nos conoce

hasta en los menores detalles! ¡Conoce el número de nuestros cabellos! "Pues aun vuestros cabellos están todos contados" (Mateo 10:30). "Y si la hierba del campo que hoy es, y mañana es echada en el horno, Dios la viste así, ¿no hará mucho más a vosotros, hombres de poca fe?" (Mateo 6:30). He aquí la maravilla de todo esto: un Dios todopoderoso que hizo cuanto existe y que puede hacerlo todo, y que, sin embargo, se preocupa de nosotros hasta el punto de que se ocupa de cada una de nuestras necesidades y temores. ¿Se interesa Dios cuando estamos enfermos o afligidos? ¡Claro que sí! Si hemos recibido a Cristo como nuestro Salvador personal, se ocupa de nosotros, nos conoce y está a nuestro lado.

Para quienes se olvidan de Dios esta verdad es aterradora. El saber que Dios conoce todo pensamiento y todo acto, y que no podemos escondernos de él, es suficiente para hacer temblar a todo pecador. Las excusas no tienen valor ante un Dios que lo sabe todo. Si la gente tuviera más conciencia de este atributo de Dios, tendría más cuidado de no excusarse de concurrir a las reuniones de culto y de oración.

Cristo también lo sabe todo (Juan 2:24).

El Espíritu Santo lo sabe todo (I Corintios 2:10,11).

G.   DIOS ES SANTO. "Ensalzad a Jehová nuestro Dios, y encorvaos al estrado de sus pies: El es santo" (Salmo 99:5).

Indudablemente se debe a que la gente no se da cuenta cabal de esta verdad de la santidad de Dios el que exista tanto descuido y se tenga una idea tan liviana de Dios; y sin embargo, el tema de la santidad de Dios ocupa un lugar principalísimo en toda la Biblia. Parece haber una creciente indiferencia hacia el pecado en el día de hoy, aun entre los creyentes, y la gente piensa que porque Dios es un Dios de amor no sabe la diferencia que hay entre el bien y el mal. !Qué lejos está esto de la realidad! Necesitamos darnos cuenta plenamente de la santidad de Dios para que nos convenzamos de nuestro pecado. *Santo* aquí significa "sin pecado". "Dios es luz, y en él no hay ningunas tinieblas" (I Juan 1:5). Las tinieblas representan el pecado y la ignorancia, mientras que la luz representa la justicia y la verdad. Toda verdad tiene origen en Dios y está estampada en su Palabra. No hay discernimiento espiritual aparte de la Biblia. La verdad está invariablemente relacionada con la personalidad. Dios es una Persona, y toda verdad y justicia se encuentran en él.

Empero no sólo es Dios santo él mismo, sino que excluye el pecado de su presencia, de manera que el cielo debe ser santo. Ni un solo pecado puede entrar en su Santa Ciudad. "No entrará en ella ninguna cosa sucia, o que hace abominación y mentira; sino solamente los que están escritos en el libro de la vida del Cordero" (Apocalipsis 21:27). Nótese que el pecado de la mentira está incluido al lado de lo abominable y sucio. Una sola mentira es suficiente para excluir a la persona de la santa presencia de Dios.

Satanás fue echado del cielo cuando se descubrió el pecado en su corazón, y todo pecador no perdonado tiene el paso obstruido a la presencia del Santo Dios. "Abominación es a Jehová tu Dios cualquiera que hace esto, cualquiera que hace agravio" (Deuteronomio 25:16). Cuando Cristo fue colgado de la cruz como portador del pecado del hombre, Dios Padre debió esconder su rostro de su propio Hijo. "Dios mío, Dios mío, ¿por qué me has desamparado?"

¿Cómo, pues, podrá el pecador culpable alentar esperanzas de llegar a la presencia del santo Dios? Le es imposible. ¡Necesita un Salvador!

Cristo es santo (I Pedro 2:24).

El Espíritu es santo (Romanos 1:4).

H. DIOS ES EL JUEZ JUSTO. "Jehová en el templo de su santidad: la silla de Jehová está en el cielo: sus ojos ven, sus párpados examinan a los hijos de los hombres. Jehová prueba al justo; empero al malo y al que ama la violencia, su alma aborrece. Sobre los malos lloverá lazos; fuego y azufre, con vientos de torbellinos, será la porción del cáliz de ellos" (Salmo 11:4-6).

Dios debe juzgar el pecado. Su justicia no es ciega; su santidad exige la pena de muerte. Siendo que Dios conoce todas las cosas, su juicio es justo. "El juez de toda la tierra, ¿no ha de hacer lo que es justo?" (Génesis 18:25). Pero Dios no puede jamás pasar por alto el pecado.

Algún día Cristo se constituirá en Juez (Juan 5:22). El murió por los pecados del hombre, y él será quien juzgará a los que rechazan su salvación.

¡Qué terrible sería si esta lección terminara en este punto! Mas, gracias a Dios, no es así.

I. DIOS ES AMOR. "Mas Dios encarece su caridad

para con nosotros, porque siendo aún pecadores, Cristo murió por nosotros" (Romanos 5:8).

Si bien es cierto que la santidad de Dios aparta al hombre de su presencia, y si bien su justicia exige la pena

de muerte, con todo, el amor de Dios ha provisto un medio de salvación para eliminar el pecado. Este medio es una Persona, Dios mismo—"Cristo murió por nuestros pecados". Dios aborrece el pecado, pero ama las almas de los pecadores. El amor de Dios está derramado sobre un mundo culpable, mediante la sangre de Jesucristo, que fue vertida en el Calvario por nuestro pecado. Su sacrificio es suficiente para todo el mundo, pero *eficaz* sólo para quienes lo reciben como su Salvador personal. "Porque el Hijo del Hombre vino a buscar y a salvar lo que se había perdido" (Lucas 19:10).

Nótese esto, sin embargo: la salvación provista y ofrecida en la muerte de Cristo es únicamente para quienes la reciben. Todas las promesas de salvación giran sobre estas palabras: "el que cree" (recibe). Nuestra parte consiste en aceptar o recibir al Salvador, y Dios es quien salva del pecado y del infierno. Analícese el versículo más conocido de la Biblia—Juan 3:16. Tiene cinco partes. Veamos cuáles corresponden a nosotros, y cuáles a Dios.

LA PARTE DE DIOS

Porque de tal manera amó Dios al mundo .... que ha dado a su Hijo unigénito ....

NUESTRA PARTE

para que todo aquel que en él cree (recibe a Cristo como Salvador personal)

no se pierda .... mas tenga vida eterna ....

Cuatro partes son obra de Dios; una sola nuestra. Mas, si bien Dios ya ha cumplido su parte, amándonos y proveyendo un Salvador para nosotros, no puede cumplir lo que resta para librarnos del infierno y darnos la vida eterna *mientras no hagamos nosotros nuestra parte.* La única parte que nos toca a nosotros es *recibir al Hijo.* Es como en una partida de damas—Dios no puede hacer otro movimiento hasta tanto no lo hagamos nosotros. De manera que nuestra libertad de elección paraliza el poder de Dios para salvarnos. Si nos perdemos, será porque rechazamos el camino de salvación propuesto por Dios.

Son legión los que piensan que siendo Dios un Dios de amor, es imposible que mande a alguno al infierno. Sí, efectivamente Dios es un Dios de amor, pero también es un Dios de santidad y justicia. Quienes hacen caso omi-

so del camino de salvación y pisotean al Hijo de Dios, merecen la separación eterna de Dios.

Dios ha colocado señales en el camino que conduce al infierno para detener al hombre. La primera advertencia es su Palabra. Quienes hacen a un lado la Palabra de Dios, hacen a un lado sus advertencias en cuanto al pecado y al infierno. Luego Dios ha colocado a los creyentes como señales para advertir a los hombres que huyan de la ira que vendrá. Lo malo es que estas señales no siempre están en condiciones. Si nuestra vida cristiana no es consecuente, podemos ser la causa de que alguna persona pase a la eternidad sin Dios y sin esperanza.

Viajando por el campo una noche, pasamos por un camino lateral donde yo sabía que había una señal de detención. Se lo mencioné a mi esposo, que conducía el automóvil, pero él me contestó que no había visto ninguna señal allí. "Pero es que hay una", le dije, "la he visto infinidad de veces". Retrocedimos con el fin de asegurarnos. Allí estaba la señal, sólo que la densa nieve había cubierto la señal de modo que no reflejaba la luz. Allí estaba, pero no funcionaba. Nos hubiera podido ocurrir algún accidente.

Algunos cristianos son como esa señal—¡no funcionan! Nuestra responsabilidad no termina solamente con asegurarnos de que iremos nosotros mismos al cielo; nuestra responsabilidad es la de ser testigos ante los demás.

La otra señal que Dios ha colocado en el camino de la vida es su propio Hijo. Quienes hacen a un lado la Palabra de Dios, rechazan el testimonio de los santos de Dios, y menosprecian al Hijo de Dios, merecen el infierno eterno. "Si pecáremos voluntariamente (es decir, rechazamos al Salvador y pisoteamos su sangre) después de haber recibido el conocimiento de la verdad (hemos conocido el camino de la salvación), ya no queda sacrificio por el pecado (no hay otro Salvador), sino una horrenda esperanza de juicio y hervor de fuego" (Hebreos 10:26, 27). No tiene excusa quien va al infierno.

J.   DIOS ES FIEL Y VERDADERO. "Si confesamos nuestros pecados, él es fiel y justo para que nos perdone nuestros pecados, y nos limpie de toda maldad" (I Juan 1:9). "El permanece fiel: no se puede negar a sí mismo" (II Timoteo 2:13).

Dios no faltará a su palabra. No puede mentir.

Nuestra salvación no depende de nuestros sentimientos o de nuestras obras, sino de la fidelidad y el poder de Dios para guardarnos. El promete vida eterna a quienes lo reciben, y no puede mentir. Tenemos vida eterna y *no pereceremos jamás;* esa es su promesa. Lo aceptamos como nuestro Salvador, y luego él nos lleva al cielo. Nuestra parte es la de recibirle; su parte es la de salvarnos.

Con frecuencia me dicen los que buscan ansiosamente la verdad: "Yo quería ser salvo, y le pedí a Dios que me salvara, pero no he sentido nada desde entonces. ¡Supongo que no habrá pasado nada!"

"¿Y qué era lo que quería sentir?" hemos preguntado generalmente.

"Bueno", dicen, "un amigo se sentía como en el mismo cielo cuando fue salvado. No dejaba de hablar del gozo que experimentaba, de los maravillosos sentimientos que lo invadían. A mí no me ha pasado nada de esto".

Es fácil ayudar a quienes buscan sinceramente, y

mostrarles que nos salvamos recibiendo al Salvador y no según cómo nos sintamos después. Todos somos diferentes. Algunos gritan y se exaltan en un partido de fútbol, mientras que otros se quedan quietos y callados; pero todos disfrutan del espectáculo que ofrecen los jugadores. Tienen diferente carácter, nada más. Son muchas las personas que andan en busca de sensaciones o de una transformación emocional como señal de la salvación. La señal verdadera de la salvación es un deseo de agradar a Dios, y odio al pecado.

No hace mucho una dama me dijo, "Cuando le pedí a Cristo que me salvara, no ocurrió nada".

"¿Cómo sabe que no ocurrió nada?" le pregunté.

"Porque no sentí nada".

Mientras le explicaba los pasos para ser salva, le iba preguntando, "¿Cree usted que sólo Cristo es el Salvador?" "Sí". "¿Cree que la salvación que Dios ofrece consiste en recibir a Cristo?" "Sí". "¿Quiere usted ser salva y vivir para Dios?" "Sí; quiero".

"Entonces", le dije, "olvídese de la falta de sensaciones en el pasado. ¿Quiere recibir a Cristo ahora mismo, de una vez por todas?"

"Sí; quiero recibirlo". Parecía ser sincera.

Oramos juntas, y luego le pregunté, "¿Le pidió a Cristo que la salvara?"

"Sí".

"¿Le parece que le mentirá?"

"No, no creo que haga eso".

"Mire lo que dice aquí en Juan 3:16: 'Para que todo aquel que en él cree, no se pierda'. ¿Le parece que es una promesa?"

"Sí".

"¿Le creyó usted? ¿Le pidió que la salvara?"

"Sí".

"Luego, ¿qué dice él?"

"Que tengo vida eterna y no me perderé".

"¿Cree usted a Dios?"

"¡Sí, claro que sí! ¡Ya mismo me siento mejor!"

"No espere sentir nada. ¡Podrá ser que mañana experimente algún dolor físico y se sienta mal! Más bien descanse en la promesa de que Dios mantendrá su palabra. No puede mentir. Luego sentirá gozo".

"Fiel es el que os ha llamado; el cual también lo hará" (I Tesalonicenses 5:24). "Plenamente convencido de que todo lo que había prometido, era también poderoso para hacerlo" (Romanos 4:21). Sí; indudablemente el gozo, la paz y la certidumbre colman la vida del cristiano; pero esa no constituye nuestra *prueba* de la salvación; nuestra prueba es la de que *Dios guardará su palabra*. Somos salvos por la fe en un Dios fiel.

CUESTIONARIO

1. ¿Cómo podemos saber que hay Dios? (Romanos 1:19,20).

2. ¿Cómo debemos adorar a Dios? (Juan 4:24).

3. ¿Cómo sabemos que en Dios hay tres Personas? (Mateo 3:16,17; 28:19; Juan 14:16; II Corintios 13:14).

4. ¿Cómo sabemos que Cristo es Dios? (Hebreos 1:8).

5. ¿Desde cuándo existe Dios? (Salmo 90:2).

6. ¿Es Cristo el Creador? (Colosenses 1:16-18).

7. ¿Qué es lo que no hace Dios? (Juan 5:40).

8. ¿Está Dios en el infierno? (Salmo 139:7-10). (Esta pregunta se contesta plenamente en la lección sobre El Alma Después de la Muerte).

9. ¿Conoce Dios nuestras necesidades y problemas? (Mateo 6:30).

10. ¿Quiénes no pueden entrar en la Ciudad Santa? (Apocalipsis 21:27).

11. ¿Quién será el Juez? (Juan 5:22).

12. ¿Cómo hace conocer Dios su amor hacia nosotros? (Romanos 5:8).

13. ¿Cómo podemos saber que somos salvos? (Juan 3:16).

14. ¿Cuándo se constituyó Cristo en "el primogénito de los muertos"? (Colosenses 1:18).

15. ¿Por qué no podemos entender plenamente la infinidad, la eternidad, la Trinidad, etc.? (Isaías 55:8,9).

16. ¿Por quién subsiste el mundo? (Colosenses 1:17).

17. ¿Sabe Cristo todas las cosas? (Juan 2:24).

18. ¿Puede Dios tolerar un pecado pequeño? (Deuteronomio 25:16).

19. ¿Cuál es el medio de salvación propuesto por Dios? (Juan 3:16). ¿Qué debemos hacer nosotros?

20. ¿Prueban las sensaciones que experimentamos que somos salvos? (I Juan 1:9).

3

EL ESPIRITU SANTO

EL ESPIRITU SANTO ES DIOS (Hechos 5:3,4). El tercer miembro de la Trinidad, el Espíritu Santo, es igual en gloria, poder y honor a Dios Padre y Dios Hijo, y se llama Espíritu de Dios y Espíritu de Cristo.

Algunos sostienen que el Espíritu Santo es una influencia o fuerza. Pero es una *Persona,* no una *cosa.* No hay influencia sin personalidad, y el Espíritu de Dios tiene influencia. Está también dotado de conocimiento, sentimiento, voluntad, amor, y todas las cualidades que se atribuyen a la personalidad. Se le llama Espíritu eterno y posee todos los atributos de Dios.

En la creación "el Espíritu de Dios se movía sobre la haz de las aguas" (Génesis 1:2). Es el Creador.

En la época anterior a la venida de Cristo, llamada del Antiguo Testamento, la obra del Espíritu Santo consistía en descender sobre los hombres con el fin de ayudarlos y bendecirlos mientras fuesen obedientes a Dios;

pero los abandonaba cuando pecaban. No residía permanentemente en sus corazones. Descendió sobre el rey Saúl para bendecirlo mientras obedecía a Dios; pero cuando Saúl pecó, descendió sobre él un espíritu maligno. Cuando el rey David pecó, oró diciendo, "No quites de mí tu santo espíritu" (Salmo 51:11).

El Espíritu Santo descendió a la virgen María para que concibiera el cuerpo en el que habría de morar el Cristo; descendió sobre Cristo cuando fue bautizado; obró en Cristo durante su ministerio terrenal; participó en la resurrección de Cristo. Pero no fue hasta el día de Pentecostés que vino el Espíritu de Dios a morar en la tierra y a permanecer para siempre en los corazones de los creyentes.

Considerad por un momento el notable Libro de los Hechos de los Apóstoles. Es una crónica de la transición entre la época de la ley y la nueva época de la gracia. Ocurrieron en este período muchos incidentes y acontecimientos cuyo objeto era el de confirmar la autoridad del grupo de sencillos pescadores e indoctos seguidores de Cristo. Imaginad a este pobre puñado de hombres cuyo jefe, Jesús, había sido muerto. No tenían más que su propia palabra para sostener que Jesús había resucitado de los muertos; nada más que una palabra para demostrar que había ascendido al cielo. ¿Quién habría de creerles en tales circunstancias?

En su gran bondad, Dios le concedió el don de realizar milagros y señales, y descendió sobre ellos el poder del Espíritu Santo el día de Pentecostés. Los judíos escépticos y los gentiles incrédulos no podían negar los milagros y las maravillas, ni tampoco podían resistir la poderosa predicación en el día de Pentecostés; como resultado, miles se volvieron a Dios. Pero no olvidéis que estas señales y milagros les fueron concedidos a la iglesia primitiva con este fin especial. No disponían del Nuevo Testamento. No tenían sino sólo la Palabra de los apóstoles. "¿Cómo escaparemos nosotros, si descuidamos una salvación tan grande? *la cual, habiendo sido anunciada al principio* por el Señor, nos ha sido confirmada por los que le oyeron a él; atestiguando juntamente con ellos Dios, por medio de señales y maravillas, y diversos géneros de milagros, y dones del Espíritu Santo" (Heb. 2:3,4—V. M.). Notad que dice que estas señales fueron dadas "al principio".

Hoy, en cambio, tenemos la Palabra escrita del Nuevo Testamento. Así como el nacimiento de Cristo fue un acontecimiento único que jamás se repetirá, el nacimiento de la Iglesia el día de Pentecostés es un acontecimiento único que no necesita repetirse.

En la época, o dispensación de la ley se concedía considerable importancia a las bendiciones físicas y a los milagros. Cristo vivió en esa dispensación, y su mayor obra fueron los milagros físicos encaminados a demostrar su deidad. Dirigiéndose a sus discípulos les dijo: "Obras... mayores que éstas (haréis) porque yo voy al Padre. Y todo lo que pidiereis al Padre en mi nombre, esto haré, para que el Padre sea glorificado en el Hijo" (Jn. 14:12, 13).

Mas, ¿qué milagros mayores podría hacer el hombre que levantar los muertos, apaciguar el mar, y transformar agua en vino? ¡Sí; hay un milagro mayor! Y ese milagro supremo es la salvación de almas. Este es el milagro que se destaca especialmente en el ministerio del apóstol Pablo, como también en el de Pedro en Pentecostés, y aun en el de los demás apóstoles y evangelistas a través de la historia; y esta es la obra principal del Espíritu Santo en el mundo hoy en día. ¿Qué dice Cristo acerca de la obra del Espíritu de Dios?

I. El Espíritu Santo Enseña Acerca del Salvador

Jesús dijo: "Mas el Consolador (el que marcha a la par con el fin de ayudar), el Espíritu Santo, al cual el Padre enviará en mi nombre, él os enseñará todas las cosas, y os recordará todas las cosas que os he dicho" (Juan 14:26). "Empero cuando viniere el Consolador, el cual yo os enviaré del Padre, el Espíritu de Verdad, el cual procede del Padre, él dará testimonio de mí" (Juan 15:26). "Pero cuando viniere aquel Espíritu de verdad, él os guiará a toda verdad; porque no hablará de sí mismo, sino que hablará todo lo que oyere, y os hará saber las cosas que han de venir. El me glorificará" (Juan 16: 13,14).

El Espíritu de Dios no busca concentrar la atención sobre sí mismo. Señala siempre hacia Cristo. Es natural que así sea, por cuanto Cristo fue quien murió por nuestros pecados, y es función del Espíritu enseñar a los hombres acerca del Salvador. Realiza esta tarea haciendo accesibles las enseñanzas que Dios ha dado en su Palabra. Sin la ayuda del Espíritu Santo el hombre no puede entender la voluntad de Dios.

Un intelectual me preguntó, "¿Por qué es que personas aparentemente sencillas e ignorantes, que se hacen conocer como cristianas, parecen entender la Biblia mejor que algunos universitarios con títulos?"

Le sugerí que leyésemos algunos versículos de I Corintios. Si se desea la respuesta a esta pregunta, léase los siguientes pasajes: I Corintios 1:18-27; 2:5-14; Romanos 1:19-22.

Luego de leer estos pasajes de la Biblia, ese caballero me dijo: "Veo que necesito tener a Dios a mi lado para poder entender la Biblia".

"Sí", le contesté; "y no hay mejor momento para investigar estas cosas que ahora mismo. ¿Le gustaría concurrir a una de mis clases bíblicas a fin de estudiarlas?"

Aceptó. Vino y siguió asistiendo, y finalmente encontró a Cristo como su propio Salvador. ¡Ahora no se explica por qué hizo semejante pregunta!

II. El Espíritu Santo Convence a los Hombres de Pecado

Jesús dijo: "Y cuando él (el Espíritu Santo) viniere, redargüirá al mundo de pecado... de pecado ciertamente, por cuanto no creen en mí" (Juan 16:8,9).

El pecado de la incredulidad —el de no recibir al Salvador— es el pecado que lleva al pecador al infierno. El Espíritu de Dios convence a los hombres de pecado, hablando a sus conciencias mediante la Palabra de Dios y el testimonio de los creyentes.

A veces la gente se resiente cuando los predicadores dicen la verdad demasiado claramente. Con frecuencia se ofenden cuando se los confronta con las verdades bíblicas.

Buscan una iglesia que no les haga sentirse incómodos, y un predicador que apacigüe la conciencia intranquila con palabras consoladoras. No se dan cuenta de que están resistiendo el poder convencedor del Espíritu Santo mismo.

Jesucristo dijo, "He aquí, yo estoy a la puerta y llamo" (Apoc. 3:20). Como que Cristo está corporalmente en el cielo en la actualidad, es el Espíritu de Cristo, el Espíritu Santo, quien golpea a la puerta del corazón del pecador.

A menos que nos demos cuenta de nuestro pecado y abramos nuestra vida al Salvador, resistimos la obra del Espíritu. "Vosotros resistís siempre al Espíritu Santo: como vuestros padres, así también vosotros" (Hech. 7:51).

III. El Espíritu Santo Convierte a los Pecadores en Santos de Dios

Jesús dijo: "Y cuando él viniere redargüirá al mundo de pecado, y de justicia... de justicia, por cuanto voy al Padre, y no me veréis más" (Juan 16:8,10).

La *conversión* significa un cambio de mente que resulta en un cambio de acción; es una "media vuelta" del pecado hacia la justicia, del infierno hacia el cielo, de Satanás hacia Dios. Cuando respondemos a la voz y recibimos a Cristo como nuestro Salvador personal, comenzamos una vida nueva; somos convertidos; somos salvos. La vida del convertido es una vida de justicia. En razón de que Cristo ha concluido su obra de salvación, ha vuelto a la gloria y vive para siempre con el fin de interceder por nosotros, su justicia está ahora a disposición de quienes le recibimos. "Por lo cual puede también salvar eternamente a los que por él se allegan a Dios, viviendo siempre para interceder por ellos" (Heb. 7:25).

Las frases "ser bautizado" en Dios y "bautismo del Espíritu Santo" se refieren ambas al acto de hacernos *uno en Cristo,* mediante la acción de recibir al Salvador. "Cristo en vosotros la esperanza de gloria" (Col. 1:27). "Porque por un Espíritu somos todos bautizados en un cuerpo (Cristo)... y todos hemos bebido de un mismo Espíritu" (I Cor. 12:13). Esto no se refiere al bautismo de agua, ni a alguna experiencia emocional posterior en la vida cristiana, sino a la *salvación.* Somos sumergidos en Cristo, y él está en nosotros. Es una unión de fe y amor que nada puede romper.

El bautismo en Cristo significa para nosotros el comienzo de una nueva vida de justicia. "De modo que si alguno está en Cristo, nueva criatura (creación) es: las

cosas viejas pasaron; he aquí todas son hechas nuevas. Y todo esto es de Dios" (II Cor. 5:17, 18). No necesitamos pasar agonías ni hacer oraciones para recibir este bautismo. Cristo espera a la puerta para entrar con que sólo la abramos.

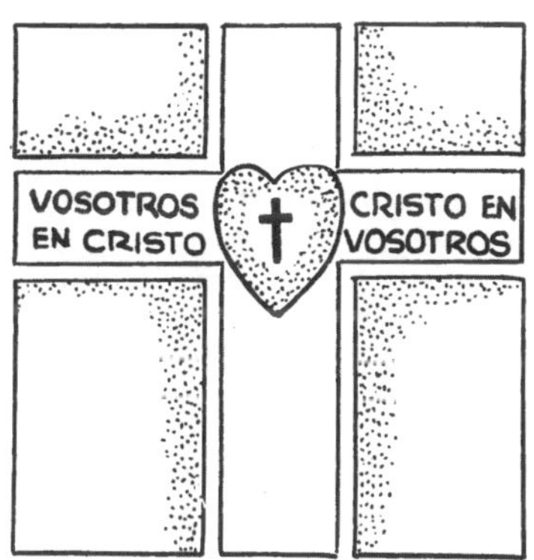

IV. El Espíritu Santo Mora en el Creyente

Jesús dijo: "Y yo rogaré al Padre, y os dará otro Consolador, para que esté con vosotros para siempre: al Espíritu de verdad" (Juan 14:16,17). El Espíritu Santo jamás abandona a quienes lo han recibido. "¿No sabéis que sois templo de Dios, y que el Espíritu de Dios mora en vosotros?" (I Cor. 3:16). "¿O ignoráis que vuestro cuerpo es templo del Espíritu Santo, el cual está en vosotros, el cual tenéis de Dios, y que no sois vuestros?" (I Cor. 6:19).

Es importante que recordemos que el Espíritu Santo mora en nosotros. Nuestra vida debe ser santa. Pero no podemos ser santos de nosotros mismos; sólo el Cristo que mora en nosotros puede darnos victoria sobre el pecado y el diablo. "Y cuando él (el Espíritu) viniere, redargüirá al mundo... de juicio, por cuanto el príncipe de este mundo es juzgado" (Juan 16:8,11). La victoria está a nuestra disposición. Satanás es un enemigo potencialmente vencido. "Mas a Dios gracias, que nos da la victoria por el Señor nuestro Jesucristo" (I Cor. 15:57).

El Espíritu de Dios jamás abandona al creyente— "que esté con vosotros *para siempre*". "No te desampararé, ni te dejaré" (Heb. 13:5). No se queda afuera en el caso de que el creyente entre a una taberna a beber; no espera afuera si el creyente pasa la noche en brazos de compañeros incrédulos en el salón de baile; el Espíritu Santo está en nosotros y estará con nosotros para siempre. Cuando pecamos arrastramos su nombre en el barro. Esto sólo es razón suficiente para que el cristiano procure ser santo.

V. El Espíritu Santo Sella al Creyente

El "Espíritu Santo de Dios, con el cual estáis sellados para el día de la redención" (Ef. 4:30). La presencia misma del Espíritu de Dios en nuestro corazón es la promesa de que viviremos con él por la eternidad. Cuando entra en nuestra vida, viene a ser como el pago de una "seña" o anticipo, digámoslo así, de que la eternidad de gloria es nuestra. "En el cual vosotros también confiasteis, después que oísteis la palabra de verdad, el evangelio de vuestra salvación: en el cual también habiendo creído, fuisteis sellados con el Espíritu Santo de la promesa, que es la seña de nuestra herencia", es la interpretación literal de Efesios 1:13,14. El Espíritu Santo es el sello de la propiedad de Dios. Dios no ha de romper su sello. Nuestra salvación descansa en el poder de Dios para guardarnos, y no en nuestras sensaciones, o en nuestro

poder para mantenernos asidos de él. Jesús dijo: "Y yo les doy vida eterna; y *no perecerán para siempre*" (Juan 10:28).

Son muchas las personas que andan a la búsqueda de alguna experiencia emocional o alguna sensación ruidosa que les haga "sentirse salvas". Empero la verdad es que nos salvamos recibiendo al Salvador y no por medio de sensaciones. Indudablemente, al andar en comunión con Dios experimentaremos paz, gozo y certidumbre, pero todo esto es resultado de la salvación, y no un medio para obtenerla.

VI. El Espíritu Santo Guía al Creyente

Jesús dijo: "Pero cuando viniere aquel Espíritu de verdad, él os guiará a toda verdad" (Juan 16:13).

En lugar de depender de visiones, sueños y voces, hoy tenemos como guía la Palabra de Dios. El Espíritu Santo nos habla a través de su Palabra. Dios nos guía únicamente cuando dedicamos tiempo a la lectura de la

Palabra y a la oración. Todas nuestras preguntas tienen su respuesta en el Libro maravilloso, pero debemos saber dónde encontrarlas. Descuidar la Biblia es una manera segura de no recibir la dirección del Espíritu. Jesús dijo:

"Escudriñad las Escrituras… ellas son las que dan testimonio de mí" (Juan 5:39). "Porque todos los que son guiados por el Espíritu de Dios, los tales son hijos de Dios" (Rom. 8:14).

Dios jamás indica que hagamos algo que esté en contradicción con los principios de la Biblia.

Un joven vino a pedirme consejo: "¿Cómo puedo saber la voluntad de Dios para mi vida?"

"¿Qué carrera tiene pensado seguir?" le pregunté.

"Bueno, yo quiero ir a Hollywood para ser actor", me dijo algo avergonzado; "pero mis padres dicen que en los ambientes cinematográficos de Hollywood reina la incredulidad y que el cine no glorifica a Dios". Hizo un gesto de desprecio. "Pero la verdad es que ellos ya son viejos, de otros tiempos. ¡Yo soy joven! La Biblia no dice nada en contra de ir a trabajar en el cine en Hollywood".

"¿Le parece que Hollywood glorifica a Dios según la verdad?" le pregunté.

Bajó la cabeza: "No, supongo que no".

"Bueno, entonces, la Escritura dice: 'Si pues coméis, o bebéis, o hacéis otra cosa (y aquí va incluido el cine en Hollywood), hacedlo todo a gloria de Dios'. De modo que si realmente quiere saber la voluntad de Dios para su vida, está bastante claro, ¿no le parece?" le dije.

Hoy ese joven se está preparando para el ministerio cristiano. Llegó a la conclusión de que Dios podía utilizar sus talentos mejor que Hollywood.

VII. El Espíritu Santo Llena al Creyente Consagrado

Dios dice: "Sed llenos de Espíritu" (Ef. 5:18). Este es un mandamiento, una orden, no una mera sugestión. Debe también caracterizar a la vida cristiana normal—y no constituir meramente una experiencia en la cumbre del monte. Ser lleno del Espíritu es ser controlado por el Espíritu. Significa que su mano está al timón y que su voluntad es nuestro deseo.

Mas, ¿cómo podemos ser llenos del Espíritu?

¿Cómo puede llenarse de aire una botella si está llena de tinta? ¡Sacando la tinta, sencillamente! No se necesita ningún compresor para llenar la botella de aire: ¡Vacíese la botella y se llena de aire sola!

Cuando confesamos y abandonamos el pecado, somos llenados con el Espíritu de Dios. Una vida llena del Espíritu es una vida obediente a la Palabra de Dios; es una vida victoriosa sobre el pecado; es una vida rendida a la voluntad de Dios. No olvidéis, sin embargo, que esta es la vida cristiana *normal*. Con demasiada frecuencia la gente piensa que quienes viven en comunión íntima con Dios son fanáticos o raros. ¡Pero la persona anormal es la que no está llena del Espíritu de Dios!

Romanos 12:1,2 dice: "Así que, hermanos, os ruego por las misericordias de Dios, que presentéis vuestros cuerpos en sacrificio vivo (un 'sacrificio' es lo que se entrega para ser usado por otro), santo, agradable a Dios (sólo un sacrificio santo es aceptable para Dios), que es vuestro racional culto (servicio inteligente—no existe en el servicio cristiano la ciega ignorancia). Y no os conforméis a este siglo (no os amoldéis a este mundo pecador); mas reformaos por la renovación de vuestro entendimiento, para que experimentéis cuál sea la buena voluntad de Dios, agradable y perfecta".

No hay lugar más que para un solo trono en la vida del cristiano. El trono representa el señorío. Confiesa "con tu boca a Jesús como Señor" (Rom. 10:9—V. H. A.).

Necesariamente ha de haber también una cruz en nuestra vida. No se trata de un ornamento para llevar sobre el cuerpo, sino de una vida de negación propia, como aquella a la cual se refiere Cristo cuando dice: "Cualquiera que quisiere venir en pos de mí, niéguese a sí mismo, y tome su cruz, y sígame" (Mar. 8:34). No podemos tener dos señores en nuestra vida; uno debe ser eliminado, y ése debe ser el "Yo". Si deseo que Cristo ocupe el trono de mi vida, luego "yo" debo estar en la cruz. Si quiero ocupar yo mismo el trono, entonces estoy crucificando de nuevo al Hijo de Dios.

¿Qué significa esto hablando claramente? Quiere decir sencillamente que si estoy lleno del Espíritu, he de querer que Cristo sea quien controle mi vida y que me anularé yo. No hay lugar para dos "patrones"; o bien obedezco a Cristo, o lo desobedezco. Si le obedezco, él es mi Señor, como es también mi Salvador; si le desobedezco, lo afrento, y admito que deseo regir mi propia vida—no estoy lleno del Espíritu.

Conviene aclarar que no es necesario pasar agonías y experimentar emociones violentas para ser lleno del Espíritu Santo. El quiere llenarnos. Confesando nuestro pecado y retirando las manos, él se hará cargo.

Cuando el pecado invade nuestra vida dejamos de estar controlados por el Espíritu. Someted vuestro pecado y vuestra voluntad a él, y él se hará cargo. Esto se hace de la misma manera en que le entregamos nuestro corazón al ser salvos—*pidiéndole* que nos limpie y controle.

VIII. El Espíritu Santo Da Poder a Quienes le Sirven

Jesús dijo: "Mas recibiréis poder, cuando haya venido sobre vosotros el Espíritu Santo; y seréis mis testigos" (Hech. 1:8—V. M.). Se concede el poder del Espíritu a quienes le sirven y hacen su voluntad. Así como el fuego y la electricidad generan potencia, el Espíritu Santo es la

fuente de poder que da la victoria sobre el pecado y convence de pecado. Este poder de Dios está a nuestra disposición cuando necesitamos su ayuda para vencer el pecado o convencer a otros de la necesidad de un Salvador. Digamos una vez más que no es necesario orar y orar para que Dios haga lo que siempre está dispuesto a hacer. Sencillamente reclamamos su poder y salimos a convencer a las almas. Solicitar el poder de Dios cuando no hacemos ningún esfuerzo por ganar almas es insultar a Dios.

Jamás se nos ha prometido el poder de Dios para que podamos experimentar alguna sensación o emoción singular nosotros mismos. En cambio, el poder de Dios se hace sentir en el corazón de la persona con quien hablamos, de modo que llegue a convencerse de su pecado. El ganador de almas no habrá de sentir necesariamente ninguna conmoción emocional, pero aquel con quien habla se sentirá impulsado a exclamar, "¿Qué debo hacer para ser salvo?"

Quienes tratan de reeditar el fenómeno que relata el Libro de los Hechos, deben recordar que los que pecaban contra Dios en aquellos días caían muertos y eran comidos por gusanos. Eran días de señales y milagros, destinados a producir temor en el corazón de los judíos incrédulos. Gracias a Dios, estamos ahora en el día de la gracia y tenemos la Palabra de Dios para guiarnos y el Espíritu de Dios para cumplir su misión, y por lo tanto no necesitamos las señales y demostraciones físicas concedidas a la iglesia naciente.

IX. Pecados Contra el Espíritu Santo

A. RESISTIR AL ESPIRITU SANTO. No responder a la voz del Espíritu Santo equivale a resistirle. No hay término medio. O lo recibimos o lo rechazamos. Dios no ha de llamar al corazón del incrédulo indefinidamente: "No contenderá mi espíritu con el hombre para siempre" (Gén. 6:3). En realidad el único momento que podemos considerar nuestro es este mismo momento. No hay seguridad alguna en cuanto a mañana. "¡He aquí ahora es el tiempo acepto! ¡He aquí ahora es el día de salvación!" (II Cor. 6:2—V. M.).

Rechazar terminantemente al Salvador es cometer el "pecado imperdonable". Es imperdonable porque no hay otro sacrificio por el pecado, ni otro que pueda salvar del mismo. "Porque si pecáremos voluntariamente (rechaza-

mos de propósito al Salvador) después de haber recibido el conocimiento de la verdad, ya no queda sacrificio por el pecado, sino una horrenda esperanza de juicio, y hervor de fuego que ha de devorar a los adversarios" (Heb. 10:26,27). La obra del Espíritu Santo es la de convencer a los hombres de que necesitan alguien que los salve del pecado. "Blasfemar" es rechazar al único Salvador, de modo que no queda otro que nos pueda perdonar los pecados (Mat. 12:31,32).

Un ministro del evangelio me contó de su experiencia con un hombre que se negó a aceptar a Cristo como Salvador. Durante unas reuniones de evangelización el hombre sintió marcadamente el peso de su pecado, pero se resistió a responder a la invitación de ser salvo. En la reunión de la última noche fue literalmente sacudido por el Espíritu. Mas aun entonces no quiso aceptar al Señor. Finalmente salió de la reunión cerrando resueltamente la puerta tras sí. No volvió más. Desde ese día en adelante daba la impresión de que su naturaleza misma había cambiado totalmente.

Tres semanas más tarde yacía en su lecho de muerte. Los médicos estaban estupefactos: "No encontramos ningún mal orgánico", decían.

El ministro fue a verlo, y el hombre le dijo lo siguiente: "Pastor, está perdiendo el tiempo conmigo. Ese día que abandoné la reunión, decidí de una vez por todas que la religión no era para mí. Algo pareció morir dentro de mí. Mi corazón se volvió como de piedra. Ya no podría salvarme, aun en el caso de que me interesara" Murió con estas palabras en sus labios.

Si no habéis recibido aún a Cristo como vuestro Salvador personal, estáis en peligro de cometer el pecado imperdonable. No conviene aventurarse a esperar el día de mañana. El hecho mismo de estar preocupado por el asunto es prueba de que el Espíritu de Dios no se ha alejado aún. Quienes han cometido el pecado imperdonable pierden la convicción de pecado y dejan de preocuparse. ¿Por qué no le pedís a Cristo que acepte vuestra vida ahora mismo, y arregláis la cuestión de una vez y para siempre?

B. CONTRISTAR AL ESPIRITU SANTO. "No contristéis al Espíritu Santo de Dios" (Ef. 4:30-32). Cuando el creyente cae en pecado, contrista a su Padre celestial. El hecho de que Dios siempre ha de juzgar el pecado en la vida de sus hijos, es razón suficiente para que éstos no deseen pecar. Pero este no es el único resultado del pecado—lo más triste de todo es que el pecado contrista el corazón de Dios.

Si sabemos que el Espíritu Santo habita en nosotros, debiéramos tener sumo cuidado de no caer en pecado, y en cambio desear ardientemente no contristarlo.

C. APAGAR EL ESPIRITU SANTO. "No apaguéis el Espíritu" (I Tes. 5:19). El Espíritu de Dios se compara al fuego que purifica y da poder. Cuando permitimos que el pecado permanezca en nuestra vida, es como si estuviéramos echándole agua al poder de Dios. Verdad es que el Espíritu Santo nunca nos abandona una vez que lo hemos recibido; pero el pecado no pasa desapercibido. Lo que sembramos, eso también segaremos.

"He aquí que no se ha acortado la mano de Jehová para salvar, ni hase agravado su oído para oír: mas vues-

tras iniquidades han hecho división entre vosotros y vuestro Dios, y vuestros pecados han hecho ocultar su rostro de vosotros, para no oír" (Is. 59:1,2). Cuando cobijamos pecados no confesados en nuestra vida, no sólo contristamos al Espíritu Santo, sino que a la vez impedimos que nuestras oraciones sean contestadas; cortamos las bendiciones; servimos de tropiezo a otros, y perdemos el galardón en el cielo.

Conocí a un miembro de una iglesia que se dejó arrastrar hacia una vida de mundanalidad. Tanto él como su familia habían sido anteriormente fieles concurrentes a la casa de Dios, hasta que el negocio comenzó a prosperar increíblemente. Con la prosperidad vino el relajamiento. Desechaba las advertencias que se le hacían, diciendo: "¡Pero si nunca he sido tan próspero! ¡Dios me está bendiciendo como nunca!"

Llegó el día en que dejó de asistir a las reuniones. Como excusa explicó que estaba demasiado atareado. Pero no estaba demasiado ocupado como para no frecuentar tabernas en compañía de mujeres licenciosas.

Pronto los hijos dejaron de concurrir a las reuniones; en cambio, ellos también comenzaron a visitar las tabernas. Luego dejó de asistir la esposa; pero no porque se estuviera descarriando ella también; murió de angustia.

Ese creyente volvió finalmente a la iglesia. Pero fue cuando el negocio se vino abajo, y le sobrevino un desastre tras otro. Sus hijos se entregaron a la delincuencia juvenil; la esposa se había muerto. Volvió él—pero solo.

"¡No apaguéis el Espíritu!" "¡No contristéis al Espíritu!"

¡Qué peligroso es tentar la paciencia de Dios! ¿Hay pecado en vuestra vida? ¿Estáis contristando y apagando al Espíritu Santo? ¿Veis el poder de Dios desplegado por intermedio de vosotros para la salvación de otros, o marcháis a la deriva con una vida cristiana derrotada y a media asta.

Hoy no es solamente el momento de recibir al Salvador; es también el momento de confesar y abandonar el pecado, y de hacer efectivo el poder y la plenitud de Dios para impulsar nuestra vida y nuestro servicio y darnos la victoria.

CUESTIONARIO

1. ¿Quién es el Espíritu Santo? (Hech. 5:3,4; Juan 14:16,17).

2. ¿Moraba permanentemente el Espíritu Santo en el corazón de los santos del Antiguo Testamento? (Sal. 51:11).

3. ¿Por qué dio Dios señales y milagros al comienzo del período de la Iglesia? (Heb. 2:3,4).

4. ¿Qué idiomas emplearon los que hablaron en lenguas? (Hech. 2:8-11).

5. ¿Cuál es el mensaje del Espíritu Santo? (Juan 16:13,14).

6. ¿Por qué no pueden los inconversos entender la Biblia? (I Cor. 2:14).

7. ¿Cuál es la tarea del Espíritu Santo con respecto a los inconversos? (Juan 16:8,9; Apoc. 3:20).

8. ¿Por qué podemos ser justos? (Juan 16:8,9; Heb. 7:25).

9. ¿Cuánto tiempo permanece el Espíritu Santo con el creyente? (Juan 14:16,17).

10. ¿Dónde mora Dios hoy? (I Cor. 6:19,20).

11. ¿Cómo podemos obtener victoria sobre el pecado? (Juan 16:11; I Cor. 15:57).

12. ¿Qué prueba tenemos de que somos salvos? (Ef. 1:13,14; 4:30).

13. ¿Cómo guía Dios a los creyentes hoy? (Juan 16:13).

14. ¿Qué caracteriza a la vida cristiana normal? (Ef. 5:18-20).

15. ¿Cómo podemos conocer la voluntad de Dios? (Rom. 12:1,2).

16. ¿Qué objeto tiene el poder del Espíritu? (Hech. 1:8).

17. ¿Cuál es el pecado imperdonable? (Mat. 12:31,32; Heb. 10:26-29).

18. ¿Cómo se contrista al Espíritu Santo? (Ef. 4:30-32).

19. ¿Qué es lo que impide la manifestación del poder de Dios? (Is. 59:1,2).

20. ¿Llama Dios indefinidamente al corazón del pecador? (Gén. 6:3).

4

LA CUESTION DEL PECADO

ESTE ASUNTO PARECE SER MOTIVO de mucha discusión.

Todos quieren determinar por sí mismos lo que ha de considerarse bueno o malo. Algunos niegan lisamente la cuestión e insisten en que no hay tal cosa como el pecado. Si así fuera, luego Dios se equivocó cuando dijo que el pecado existe. Si no hay pecado, ¿por qué, entonces, habla Dios sobre la paga del pecado? Si no hay pecado, ¿por qué mandó Dios a su Hijo a morir por el pecado?

La mejor manera de resolver la cuestión es ver qué es lo que dice Dios sobre el pecado en su Palabra, la Biblia.

Una definición sencilla del pecado podría ser ésta: "Pecado es desobediencia a Dios; pecado es la voluntad propia contra la voluntad de Dios".

Veamos en primer lugar, ¿dónde se originó el pecado? Dios es el creador de todo; ¿creó también el pecado?

¡Por cierto que no! El pecado es lo único que Dios no creó.

En una época no había pecado. Dios reinaba soberanamente entre los ángeles en la gloria. Su principal ministro era un personaje llamado Lucifer, o Satán. Isaías 14:12-17 relata que Lucifer deseaba ocupar el lugar de Dios, enfrentar su propia voluntad con la voluntad de Dios. El pecado nació en Satanás cuando dijo, "Yo seré como el Altísimo". Ezequiel 28:15 dice: "Perfecto eras en todos tus caminos desde el día que fuiste criado, hasta que se halló en ti maldad".

Lo único que ha creado Satanás es el pecado; y el pecado consiste en colocar la voluntad propia en oposición a la voluntad de Dios. Satán fue echado del cielo con sus seguidores, y su caída, indudablemente, provocó la destrucción del mundo que Dios había hecho. "Y la tierra estaba (se volvió) desordenada y vacía" (Gén. 1:2).

Cuando Dios creó al hombre, Satanás estaba a la expectativa con el fin de intentar arruinar esta creación. Tuvo éxito, porque Adán y Eva eligieron la *voluntad propia* en lugar de la voluntad de Dios, y de esta manera nació el pecado en la raza humana. Desde entonces hasta el presente toda la raza humana ha heredado una naturaleza pecaminosa. "En pecado me concibió mi madre" (Sal. 51:5). Esto no quiere decir que la concepción es pecado, sino que somos concebidos por padres pecadores.

La naturaleza pecaminosa se nota claramente en los recién nacidos cuando se enfadan o se impacientan.

Una joven madre se indignó ante la idea de que su hijita tuviera naturaleza pecaminosa. "¿Me quiere decir que mi hijita tiene naturaleza pecaminosa?" dijo ella. "¡Mírela! ¡Vea si no es una preciosura!"

Precisamente en ese momento la "preciosura" le dio un puntapié en la canilla. En el acto la madre le dio una bofetada resonante, al tiempo que le decía, "¡Eres un pequeño diablito!"

La "preciosura" se había transformado repentinamente en un "pequeño diablito".

Pero no solamente se ha constituido pecadora por naturaleza la raza humana, sino que somos pecadores por práctica. El momento en que tenemos edad suficiente para ser responsables intelectualmente, somos responsables de nuestro pecado. No se exceptúa a *nadie*.

"Todos están debajo de pecado... no hay justo, ni aun uno... todos han apostatado... no hay quien haga bien, no hay ni siquiera uno... el mundo todo se tenga por reo delante de Dios... no hay distinción alguna; pues que todos han pecado" (Rom. 3:9-23—V. M.).

Todos significa *todos*, incluyendo a vosotros y a mí. No se le puede agregar ni quitar nada a todos. Como quiera que querramos blanquear el pecado dándole nombres suaves tales como errores, faltas, deslices, fracasos, se mantiene inalterable el hecho de que somos pecadores.

"Todos nosotros nos descarriamos como ovejas, cada cual se apartó por *su* camino" (Is. 53:6). Ese es el problema—¡la voluntad propia! "Pues todos pecaron, y no alcanzan a la gloria de Dios" (Rom. 3:23—V. H. A.). Dios exige perfección. Naturalmente algunos llegarán más o menos alto que otros, pero no podemos compararnos con otros, *todos* hemos fracasado en alcanzar la perfección.

Aun cuando algunos buscaran el auxilio de la escala de la educación o el pedestal de la respetabilidad, y de este modo llegaran a pensar que están más altos que los demás, aun así no llegarán a la perfección.

I. Definición del Pecado

Examinemos seguidamente algunas definiciones bíblicas del pecado.

A. "TODA MALDAD ES PECADO" (I Juan 5:17). No indica qué grado de maldad. *Cualquier* grado de mal-

dad, *cualquier* medida de imperfección, *cualquier* fracaso, es pecado. Dios no clasifica el pecado como lo hacen nuestros sistemas sociales. Los hombres consideran los asesinatos como pecados grandes, el robo como un pecado menor, y las pequeñas mentiras "piadosas" no cuentan en absoluto. Mas para Dios todo pecado es pecado.

B.   "EL PECADO ES TRANSGRESION DE LA LEY" (I Juan 3:4). *Transgredir* significa violar, infringir, quebrantar. Significa pasar los límites. No dice qué distancia. Cuando vemos un letrero que dice, "No Pasar", no importa que pasemos un kilómetro o un solo paso; en cualquier caso estamos transgrediendo.

En un concurso de tiro con arco y flecha, el tirador que pierde por dos centímetros, pierde igual que el tirador que pierde por mucho más—ambos erraron el centro. Peor es errar el blanco de los requisitos de Dios.

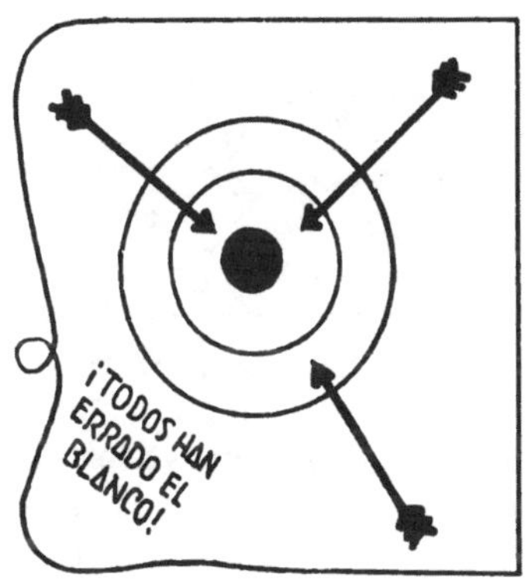

"Cualquiera que hubiere guardado toda la ley, y ofendiere en un punto, es hecho culpado de todos" (Santiago 2:10). El Dios que dijo, "No matarás", dijo también, "No cometerás adulterio". El que dijo, "No matarás", también dijo, "No dejando vuestra congregación". El que dijo, "No dirás falso testimonio", dijo también, "Escudriñad las Escrituras". No se trata de cuál mandamiento desobedecemos; son todos mandamientos de Dios, y desobedecer cualquiera de ellos es *pecado*.

Un solo agujero basta para que se hunda la canoa; una sola bala en el corazón mata; un solo eslabón roto en la cadena hará perder la carga; un solo asesinato convierte al que lo comete en asesino.

Es posible ser muy sincero religiosamente, y con todo estar sinceramente equivocado. Regresando a casa una noche después de una reunión, viajaba tranquilamente en el automóvil, esperando llegar a casa pronto y sin novedad para acostarme en seguida, por cuanto estaba cansa-

da. Noté una señal a la orilla de la carretera, por la que me enteré de que me acercaba a un pueblo que se encontraba en dirección opuesta a la que yo iba. Reduje la velocidad para cerciorarme. Supuse que la señal debía estar equivocada, y miré hacia el cielo para orientarme. Para sorpresa mía descubrí que viajaba hacia el norte en lugar de ir hacia el sur. Estaba tan sinceramente segura de la dirección que llevaba, que hubiera podido discutir que tenía razón; pero la verdad es que estaba sinceramente equivocada.

C.   "TODO LO QUE NO ES DE FE, ES PECADO" (Rom. 14:23). Dudar de la Palabra de Dios es pecado. Incredulidad en el Salvador y en sus promesas en el sentido de que tiene poder para guardar—este es el pecado que condena al hombre. "De pecado ciertamente, por cuanto no creen en mí" (Juan 16:9). La Biblia no enseña que haya pecados mortales y veniales. *Todo pecado es pecado*; no hay diferencia para Dios.

II. ¿Qué Resultado Arroja el Pecado?

La paga del pecado es muerte" (Rom. 6:23). "El alma que pecare, esa morirá" (Ez. 18:20).

La palabra *muerte* significa "separación". Hay tres clases de muerte como resultado del pecado.

A. MUERTE FISICA. La separación de la persona de su cuerpo se llama muerte. La muerte física es resultado del pecado.

B. MUERTE ESPIRITUAL. La separación del pecador de la presencia y la comunión con Dios se llama muerte espiritual. A causa del pecado, el pecador no tiene vínculos con Dios ni tiene acceso a Dios; se le llama enemigo de Dios, se dice que es extraño ante Dios, y que está "muerto en delitos y pecados" (Ef. 2:1-3,12).

Así como la lámpara eléctrica sólo tiene luz cuando está conectada con la fuente de electricidad, también nosotros tenemos vida espiritual solamente cuando estamos

relacionados con Dios. Cuando se interrumpe la conexión, la bombilla se apaga; cuando el pecado entra en la vida del pecador, se dice que está muerto en pecados. El único remedio consiste en reparar la rotura y restablecer la conexión. Cristo es el único que puede reparar la ruptura entre el pecador y Dios: "Cristo murió por nuestros pecados".

Hacia el norte y el sur, hacia el este y el oeste—el mundo está repleto de gente que se encuentra físicamente viva, y que, no obstante, hablando espiritualmente, son cadáveres, muertos en pecados. Cuando Adán y Eva peca-

ron no murieron de inmediato físicamente, pero sí rompieron la comunión con Dios y murieron espiritualmente. Posteriormente se restableció esa comunión.

C.   MUERTE ETERNA. La separación eterna de Dios en el lago de fuego es el destino final del pecador. Es lo que se llama la "segunda muerte". "El lago ardiendo con fuego y azufre, que es la muerte segunda" (Apoc. 20:14, 15; 21:8).

Dios es santo, entera y perfectamente santo. "Dios es luz, y en él no hay ningunas tinieblas" (I Juan 1:5). Ningún pecado puede llegar a su presencia, ni siquiera una sola mentira. "No entrará en ella (en el cielo) ninguna cosa sucia, o que hace abominación y mentira" (Apoc. 21:27).

No resulta muy alentadora la situación, ¿no es cierto? Pero es que mientras no nos demos cuenta de que nuestra situación es desesperada, no habrá remedio. El remedio de Dios es para los *pecadores*. Los que no se dan cuenta de su condición pecadora, no sienten la necesidad de un Salvador. El primer paso hacia la salvación es la admisión de que estamos perdidos.

El pecado que lleva al hombre al infierno es el de descuidar el remedio que Dios ofrece contra el pecado. El moribundo que no sigue el tratamiento que se le ofrece para curarse morirá. La causa de la muerte sería el no haber aprovechado el remedio.

III.   ¿Qué Remedio Hay para el Pecado?

Los hombres han tratado de inventar sus propios remedios para el pecado. Como no han querido aceptar el camino de salvación propuesto por Dios, ni han querido admitir que son pecadores perdidos y que no pueden solucionar el problema por sí mismos, se han hecho sus propias reglas. ¿Resultan familiares algunas de las siguientes?: "¡Cumplid la regla de oro!" "¡Haced lo mejor que podáis!" "¡Comenzad una hoja nueva!" "¡Guardad los mandamientos!"

Ninguna de estas reglas quita el pecado. "Por las obras de la ley ninguna carne se justificará" (Rom. 3:20). "El hombre no es justificado por las obras de la ley" (Gál. 2:16). "No por obras de justicia que nosotros habíamos hecho, mas por su misericordia nos salvó" (Tito 3:5). "No por obras, para que nadie se gloríe" (Ef. 2:9).

No podemos librarnos de los pecados del pasado tratando de ser buenos. Los errores del pasado no se eliminan comenzando una hoja nueva. Al pecador le resulta imposible ser bueno; aun sus esfuerzos por ser bueno son repugnantes a Dios: "Todas nuestras justicias (son) como trapo de inmundicia" (Is. 64:6).

A. EL REMEDIO DE DIOS ES UN SALVADOR QUE QUITA EL PECADO. Aun cuando Dios exige la pena de muerte por el pecado, su amor lo impulsa a anhelar fervientemente la salvación del pecador. La única solución es la de encontrar a alguien que pueda sufrir la pena de muerte por el pecador culpable. Tal persona debe estar exenta de pecado. No hay más que uno que puede satisfacer estas condiciones—Jesucristo, el Hijo de Dios. "De la manera que está establecido a los hombres que mueran una vez, y después el juicio; así también Cristo fue ofrecido una vez para agotar los pecados de muchos" (Heb. 9:27,28).

Los sacrificios en el Antiguo Testamento constituían una ilustración de Cristo, el Cordero de Dios que quita el pecado del mundo. Esos sacrificios jamás podían quitar el pecado, pero señalaban por fe al Salvador que habría de venir. "Todo sacerdote se presenta cada día ministrando y ofreciendo muchas veces los mismos sacrificios, que nunca pueden quitar los pecados" (Heb. 10:11). "Porque la ley, teniendo la sombra de los bienes venideros... nunca puede por los mismos sacrificios que ofrecen continuamente cada año, hacer perfectos a los que se allegan" (Heb. 10:1). Sin Cristo los ritos del Antiguo Testamento no tienen sentido. El templo, el tabernáculo, los sacrificios, y las cosas sagradas, tienen toda su explicación en Cristo.

Los judíos que rechazan a Cristo como el Mesías no pueden comprender cabalmente las Escrituras. "Empero los sentidos de ellos se embotaron; porque hasta el día de hoy les queda el mismo velo no descubierto en la lección del antiguo testamento, el cual por Cristo es quitado. Y aun hasta el día de hoy, cuando Moisés es leído, el velo está puesto sobre el corazón de ellos. Mas cuando se convirtieren (Israel) al Señor, el velo se quitará" (II Cor. 3:14-16).

B.   CRISTO SOLO ES EL PORTADOR DEL PECADO DE TODOS. La muerte vicaria de Cristo es suficiente

para los pecados de todo el mundo, por cuanto él es Dios. Como Dios, sus sufrimientos en la cruz como portador del pecado equivalían a una eternidad en el infierno. Su exclamación, "Dios mío, Dios mío, ¿por qué me has desamparado?" era el grito de agonía de un Hijo santo separado de su santo Padre, algo que nosotros los pecadores no podemos apreciar plenamente. "Al que no conoció pecado (Cristo), hizo (Dios) pecado por nosotros, para que nosotros fuésemos hechos justicia de Dios en él" (II Cor. 5:21).

Aun cuando la muerte de Cristo es suficiente para todo el mundo, es *eficaz* solamente para quienes lo aceptan como Salvador personal. Cuando dejamos que Cristo quite nuestros pecados, aparecemos ante Dios sin pecado. Cristo se constituye en nuestro Substituto. "Jehová cargó en él el pecado de todos nosotros" (Is. 53:6). "El cual mismo llevó nuestros pecados en su cuerpo sobre el madero, para que nosotros siendo muertos a los pecados, vivamos a la justicia: por la herida del cual habéis sido sanados" (I Pedro 2:24).

Cristo quita el pecado para que nosotros vivamos a la justicia.

Hablando cierta vez ante una congregación, me di cuenta de que había cierto grado de tensión, pero no podía imaginarme la razón. Cuando se hizo la invitación para que los que quisieran recibir a Cristo como su Salvador pasaran al frente, se puso de pie una mujer que, sollozando, pasó adelante y se arrodilló cerca de la plataforma. Otros pasaron también, pero me di cuenta de que la iglesia estaba visiblemente emocionada por la actitud de esa mujer. Pocos momentos después un hombre se levantó en otro punto del salón y pasó adelante con lágrimas en los ojos. Se arrodilló al lado de la mujer y colocó su brazo sobre los hombros de ella.

Era un matrimonio que estaba a punto de divorciarse; se habían dado a la bebida. La hija creyente y los amigos de la iglesia habían orado por ellos, y esa noche algunos habían logrado traerlos a la reunión. Se encontraron, reconciliados, a los pies del Salvador.

Un año más tarde me escribieron: "¡Este año pasado ha sido como el cielo en la tierra en nuestro hogar!" Cuando el Salvador inundó sus vidas, el pecado tuvo que salir.

C. CRISTO CARGA SOBRE SI TODO EL PECADO. "La sangre de Jesucristo su Hijo nos limpia de todo pecado" (I Juan 1:7). "Sin derramamiento de sangre no se hace remisión" (Heb. 9:22.). Las penitencias no quitan el pecado; el fuego del purgatorio no quita el pecado. La Biblia no hace referencia a ningún purgatorio después de la muerte. El único lugar donde se purgan los pecados es en la cruz del Calvario. "Habiendo hecho (Cristo) la purgación de nuestros pecados por sí mismo" (Heb. 1:3). No hay pecado que la sangre de Cristo no pueda lavar. "Si confesamos nuestros pecados *él* (Cristo) es fiel y justo para que nos perdone nuestros pecados, y nos limpie de *toda* maldad" (I Juan 1:9).

No se necesita ninguna otra persona o cosa para quitar el pecado. Hay un solo Mediador entre Dios y los hombres, y ése es el hombre Cristo Jesús (I Tim. 2:5). El que pretende que está facultado para perdonar pecados como representante de Dios, debiera igualmente tener poder para echar demonios y resucitar muertos (Mat. 10:5-8). "¿Quién puede perdonar pecados sino sólo Dios?" "Al que nos amó, y nos ha lavado de nuestros pecados con su sangre... sea gloria e imperio para siempre jamás. Amén" (Apoc. 1:5,6).

IV. ¿Cómo Podemos Recibir este Remedio contra el Pecado?

Hay un Salvador; el perdón está a nuestra disposición; el camino hacia Dios está abierto. "En ningún otro hay salud; porque no hay otro nombre debajo del cielo, dado a los hombres en que podamos ser salvos" (Hechos 4:12). "Todo aquel que invocare el nombre del Señor, será salvo" (Rom. 10:13). "Mas a todos los que le recibieron, dióles potestad de ser hechos hijos de Dios" (Juan 1:12).

Nuestra parte consiste en aceptar al Salvador. La salvación es un regalo de Dios; corresponde que nosotros lo aceptemos, y que luego vivamos una vida de gratitud y servicio. *Recibir* significa *aceptar*, tomar a Cristo.

Después de la predicación en una carpa en las Filipinas, un comerciante del lugar se acercó para averiguar acerca de la salvación. Hacía varias semanas que asistía a las reuniones, de modo que le pregunté, "¿Se da cuenta usted de que cuando le pida a Cristo que sea su Salvador, lo salvará del pecado a la vez que del infierno?"

"Sí, comprendo", respondió; "vengo siguiendo las enseñanzas desde hace varias noches".

"¿Luego quiere realmente ser salvo del pecado?" Quise hacerle bien claro lo que costaba.

Titubeó. "Pero señora, ¿acaso es pecado beber? ¿Es pecado jugar? ¿Es pecado fumar?"

"¿Qué le parece a usted?" le pregunté.

Estaba preocupado, porque como la mayoría de los

filipinos, venía haciendo estas cosas desde niño. Luego dijo, "Sí, creo que sí".

"¿Luego quiere que Cristo lo salve de su pecado?"

Levantó la cabeza y sonrió, a la vez que decía, "Sí, quiero".

Oramos juntos, y él oró por primera vez, diciendo: "Ruégote, Dios, que me salves de todo mi pecado, y del tabaco, del juego y de la bebida. Amén". Daba gusto ver su rostro sonriente. Pero se le fue la sonrisa cuando comenzó a pensar: "Pero señora, si elimino estas cosas de mi vida, ¿qué he de hacer con mi negocio? Estas son precisamente las cosas que vendo en mi negocio".

"Ese es asunto suyo", le contesté; "esa cuestión debe resolverla con su Señor".

La esposa estaba a cargo del negocio; él era el propietario. Y ella se opuso tenazmente. El esposo regresó a la casa con su testimonio ardiente y anunció que había recibido a Cristo como su Salvador para que lo librase del infierno y del pecado. "¡Vamos a retirar las bebidas y el tabaco del negocio!"

"¡Por cierto que no!" dijo con firmeza ella.

"¡Claro que sí!" respondió él con igual determinación.

Durante una semana discutieron hasta que él no pudo aguantar más. ¡Descubrió que no era él el jefe de la casa!

"¡Muy bien", declaró finalmente, "si no quieres que sea bueno y que siga a mi Jesús, pues seré malo como lo era antes!" Hizo pedazos la Biblia y desparramó los pedazos por la casa, se encaminó hacia el mercado, se embriagó y comenzó a pelearse a puñetazos con otro.

La mujer corrió al mercado, gritando, "¡Vuelve a casa; vuelve a casa! ¡Puedes hacer como quieras, y seguir a tu Jesús; pero no te portes como antes!" Esa noche volvió a la reunión y compró una Biblia nueva.

¡Cómo recuerdo el día en que fue bautizado! Saliendo del agua con esa sonrisa maravillosa, nos dio la mano y dijo, "Gracias por haber traído a Jesús a mi pueblo. He probado muchas religiones, pero ahora es que encuentro satisfacción para el hambre de mi corazón!"

Volvió a su casa y a su mujer, y se arrodilló delante de ella, diciéndole, "¿No vas a recibir a Cristo Jesús como tu Salvador?" Los ojos de la mujer se llenaron de lágrimas, y le dijo, "¿Por qué me pides esto siendo que siempre te trato tan mal?"

"Porque amo a mi Jesús y te amo a ti también", contestó él.

Un año más tarde esa mujer llegó a conocer a Cristo y entregó a Dios su corazón, diciendo: "La vida de mi esposo cambió de tal manera, que me di cuenta que había encontrado la verdad".

Con cuánta frecuencia la gente olvida que Cristo salva del pecado además del infierno. "Llamarás su nombre JESUS, porque él salvará a su pueblo de sus pecados" (Mat. 1:21).

V. ¿Qué Resultado se Obtiene al Recibir a Cristo como Salvador Personal?

Cristo dice, "¡Vete, y no peques más!" (Juan 8:11). Su voluntad es que vivamos una vida de justicia. "Estas cosas os escribo, para que no pequéis" (I Juan 2:1). No vale nada que digamos que deseamos ser salvos, si queremos aferrarnos a nuestro pecado.

Con todo, esto no significa que jamás volveremos a caer en pecado. ¡Seguimos siendo seres humanos! Gracias a Dios que I Juan 2:1 sigue diciendo: "Y si alguno hubiere pecado, abogado tenemos para con el Padre, a Jesucristo el justo". No; no somos perfectos, pero *queremos serlo*. Esa es la diferencia entre el pecador salvado y el pecador perdido. Uno ama el pecado, el otro lo aborrece.

Cristo no es solamente el Salvador; es también el Abogado. El abogado debe ser amigo del gobierno y amigo del pecador, y a la vez inocente del delito. Sólo Cristo satisface estos requisitos.

Notad el versículo siguiente también: "Y él es la propiciación por nuestros pecados; y no solamente por los nuestros, sino también por los de todo el mundo". *Propiciación* significa hacer a un lado la ira. El pecador culpable que se encuentra condenado ante la presencia de un Dios santo, sólo puede esperar juicio e ira sobre sí. Pero cuando acepta a Cristo como su Salvador, la ira de Dios cae sobre Cristo, y el pecador no es condenado. ¡Cristo se coloca entre él y Dios!

Cada día de su vida, el pecador salvado anhela estar en comunión con Dios. Cuando peca, lo confiesa inmediatamente y lo hace a un lado, y la comunión se restablece. "El que encubre su pecado, no prosperará; mas el que lo confiesa y se aparta, alcanzará misericordia" (Prov. 28:13). Ese es el secreto del perdón—*apartarse del pecado*. Demasiadas son las personas que piensan que confesar los pecados significa simplemente recitarlos, y que luego pueden salir a cometerlos otra vez. Confesar los pecados significa admitir que son pecados, aborrecerlos como los aborrece Dios, y apartarse de ellos.

Hay un versículo dirigido especialmente a creyentes: "El pecado, pues, está en aquel que sabe hacer lo bueno, y no lo hace" (Sant. 4:17). El pecado no consiste simplemente en hacer lo malo; es también no hacer lo bueno. Hay pecados de omisión, como también de comisión. El pecador salvado, que conoce la voluntad de Dios y no la hace, vive en pecado. "Porque el siervo que entendió la voluntad de su señor, y no se apercibió, ni hizo conforme a su voluntad, será azotado mucho" (Lucas 12:47).

El pecado del *descuido* es tan malo como el pecado de hacer el mal. La obediencia a la Palabra de Dios es tan importante como guardarse del mal.

En una iglesia que se consideraba a sí misma sumamente espiritual, Dios despertó recientemente convicción de pecado. Me sentí guiada a dedicar mi mensaje a los creyentes, por cuanto esa iglesia raras veces tenía gente de afuera. A medida que hablaba me daba cuenta de que Dios estaba hablando al corazón de los presentes. En lugar de cerrar el servicio, le pedí al pastor que se hiciera cargo. Suenan aún en mis oídos sus palabras: "Como iglesia hemos fracasado. Hemos estado tan ocupados procurando no hacer mal, que quizá hemos dejado de hacer el bien y alcanzar a los vecinos. Confieso mi propio pecado..." Se humilló ante Dios. Uno tras otro, los miembros de la congregación oraron confesando su pecado, con lágrimas de arrepentimiento. Había comenzado un avivamiento. Algunos que se habían enfriado volvieron a Dios;

varios jóvenes entregaron su vida totalmente a Dios para que él los utilizara en su servicio.

Hermanos, ¿vivimos cometiendo el pecado de omisión? No testificar para Cristo es un pecado tan grande como asesinar; el no orar es tan malo como la brujería; el no adorar es tan malo como la idolatría. El pecado es desobediencia a Dios, en cualquier forma que sea.

"No reine, pues, el pecado en vuestro cuerpo mortal, para que le obedezcáis en sus concupiscencias; ni tampoco presentéis vuestros miembros al pecado por instrumentos de iniquidad; antes presentaos a Dios como vivos de los muertos, y vuestros miembros a Dios por instrumentos de justicia" (Rom. 6:12,13).

CUESTIONARIO

1. ¿Dónde comenzó el pecado? (Is. 14:12-17).
2. ¿Cuál era el estado original de Satanás? (Ez. 28:12-15).
3. ¿Cuándo reciben los hombres naturaleza pecaminosa? (Sal. 51:5).
4. ¿Quiénes son pecadores? (Rom. 3:23).
5. ¿Pecó alguna vez María, la madre de Jesús? (Rom. 3:10-12).
6. ¿Qué grado de maldad nos convierte en pecadores? (I Juan 5:17).
7. ¿Cuántos pecados hacen falta para que seamos condenados? (Sant. 2:10).
8. ¿Qué es el pecado? (Juan 16:9).
9. ¿Qué resulta del pecado? (Rom. 6:23).
10. ¿Qué es la muerte espiritual? (Ef. 2:1-3).
11. ¿Qué es la muerte segunda? (Apoc. 20:14).
12. ¿Pueden las buenas obras, o el acto de procurar reformarse uno mismo, quitar el pecado? (Rom. 3:20; Tito 3:5).
13. ¿Podemos agradar a Dios mientras nuestros pecados no hayan sido perdonados? (Is. 64:6).

14.   ¿Qué es lo único que puede quitar el pecado? (Heb. 9:22, 27, 28).

15.   ¿Quién es el único que puede "llevar" el pecado? (I Pedro 2:24).

16.   ¿Quién puede perdonar pecados? (I Juan 1:9; Apoc. 1:5).

17.   ¿Cuál es el resultado de los pecados perdonados? (I Juan 2:1).

18.   ¿Qué pasos comprende la confesión sincera? (Prov. 28:13).

19.   ¿Qué cosa hay que sea tan malo como hacer el mal? (Sant. 4:17).

20.   ¿Cuál es el resultado de los pecados del creyente? (Luc. 12:47).

5

EL NUEVO NACIMIENTO

ES SORPRENDENTE QUE HAYA tantas personas a quienes les parece que son hijos de Dios simplemente porque forman parte de la raza humana. Cierto es que Dios creó a cada uno de nosotros, de modo que somos creación suya; pero cuando se trata del hecho de ser hijos de Dios espiritualmente, dice su Palabra: "...No son los hijos de la carne los que son hijos de Dios" (Rom. 9:8—V. M.).

Hay dos familias en el mundo —no constituidas por parentescos terrenales— la familia de Dios y la familia del pecado. "En esto son manifiestos los hijos de Dios, y los hijos del diablo" (I Juan 3:10).

En Juan 3 leemos acerca de un hombre llamado Nicodemo, jefe religioso de los judíos, que, según se desprende, quería averiguar si Jesús era realmente el Mesías o no. Los judíos buscaban un rey que los librara de la tiranía romana y fundara el reino en Jerusalem. Como medida de precaución Nicodemo vino a Jesús de noche. No quería vincularse con ningún grupo que no fuera el que habría de salir airoso. Pero Jesús sabía lo que pensaba Nicodemo, y le dijo sin rodeos: "El que no naciere otra vez (de arriba), no puede ver el reino de Dios" (Juan 3:3).

Naturalmente esto le llamó la atención a Nicodemo, y preguntó, "¿Cómo puede el hombre nacer siendo viejo?" No comprendió que Jesús hablaba de un nacimiento espiritual y no sencillamente de un nacimiento físico. Cristo, pues, le hizo ver claramente que el asunto no tenía nada que ver con las cosas físicas, diciéndole: "Lo que es nacido de la carne, carne es; y lo que es nacido del Espíritu, espíritu es".

Mas ¿por qué habría de tener que nacer de arriba este hombre religioso? Era un hombre bueno, dirigente de su pueblo, y fariseo. ¡No se trataba de un cualquiera!

Le era necesario nacer de nuevo por la misma razón que lo es para cualquier otra persona—¡porque Jesús lo dijo! Pero hay otras razones también.

I.   ¿Por Qué es Necesario Nacer de Nuevo?

A.   ESTAMOS EN LA FAMILIA MALA. "Hijos de desobediencia... éramos por naturaleza hijos de ira" (Ef. 2 2,3).

No está hablando de niños pequeños. Los niños nacen con naturaleza pecaminosa, pero no se les imputa pecado mientras no tengan edad suficiente para comprender. Llegada la edad de la responsabilidad, son pecadores por naturaleza y por práctica, y responsables de sus actos. Jesús les dijo a quienes no le creían: "Vosotros de vuestro padre el diablo sois, y los deseos de vuestro padre queréis cumplir" (Juan 8:44).

La Biblia indica que los niños pequeños pertenecen a Dios, y que irán al cielo al morir. "Si no os volviereis y fuereis como niños, no entraréis en el reino de los cielos (Mat. 18:3). "Mirad no tengáis en poco a alguno de estos pequeños... sus ángeles en los cielos ven siempre

la faz de mi Padre que está en los cielos" (Mat. 18:10). Hay ángeles cuya misión es servir a los que serán herederos de la salvación (Heb. 1:14).

"Así, no es la voluntad de vuestro Padre que está en los cielos, que se pierda uno de estos pequeños" (Mat. 18:14). "Y Jesús dijo: Dejad a los niños, y no les impicielos" (Mat. 19.14).
dáis de venir a mí; porque de los tales es el reino de los

Dios no condena al infierno a quien no está mentalmente capacitado para entender lo espiritual. "El juez de toda la tierra, ¿no ha de hacer lo que es justo?" (Gén. 18:25). Vosotros que podéis leer estas páginas, tenéis edad suficiente para ser responsables de vuestro pecado. ¡De modo que no tenéis excusa!

B. VIVIMOS UNA VIDA MALA. "Vosotros de vuestro padre el diablo sois, y los deseos de vuestro padre queréis cumplir" (Juan 8:44). La consecuencia de pertenecer a la familia mala es una vida de desobediencia a Dios; somos extraños ante Dios. Dios no es nuestro Padre; en cambio, será nuestro Juez. Estamos perdidos, condenados.

Dios dice: "El que no cree, ya es condenado... la ira de Dios está sobre él" (Juan 3:18, 36).

Como el hombre sentenciado espera su ejecución en la celda de la muerte, así también nosotros estamos ya condenados y esperamos solamente el día final del juicio. Si bien el criminal pudiera estar vivo físicamente, si se lo ha encontrado culpable y ha sido sentenciado a muerte, es un hombre muerto desde el punto de vista de la ley. Quienes han sido encontrados culpables por el Todopoderoso Juez y han sido condenados al infierno, podrán seguir vivos físicamente, pero para Dios están muertos en delitos y pecados. No hay forma en que podamos excusarnos o pedir perdón, como tampoco puede el asesino esperar clemencia o perdón porque prometa no volver a matar. No es con reforma que se soluciona el problema; es demasiado tarde para eso; ya estamos condenados.

"El que hace pecado, es del diablo" (I Juan 3:8). ¡Es imprescindible nacer de nuevo!

C. NUESTRO DESTINO ES MALO. "Porque manifiesta es la ira de Dios del cielo contra toda impiedad e injusticia de los hombres" (Rom. 1:18). "En llama de fuego, para dar el pago a los que no conocieron a Dios, ni obedecen al evangelio de nuestro Señor Jesucristo; los cuales serán castigados de eterna perdición por la presencia del Señor" (II Tes. 1:8,9). Si permanecemos en la familia de Satanás, algún día tendremos que irnos con él. El infierno no fue hecho para los hombres sino para el diablo y sus ángeles. Empero, si no hemos nacido de nuevo, iremos con nuestro padre el diablo. "Y el diablo que los engaña, fue lanzado en el lago de fuego y azufre... y será atormentado día y noche para siempre jamás" (Apoc. 20:10). "Y el que no fue hallado escrito en el libro de la vida, fue lanzado en el lago de fuego" (Apoc. 20:15).

"Mas a los temerosos e incrédulos, a los abominables y homicidas, a los fornicarios y hechiceros, a los idólatras, y a todos los mentirosos, su parte será en el lago ardiendo con fuego y azufre, que es la muerte segunda" (Apoc. 21:8).

II. Cómo No Nacemos de Nuevo

A. NO POR MEDIO DE PADRES HUMANOS. "Los cuales *no son engendrados de sangre*" (Juan 1:13). El hecho de que tengamos padres cristianos no significa que nosotros seamos hijos de Dios. La sangre humana no nos confiere privilegio alguno frente a Dios. Se trata de un *nacimiento espiritual;* no nacemos de nuevo mediante agentes humanos o físicos. "No son los hijos de la carne los que son hijos de Dios" (Rom. 9:8, V. M.).

B. NO POR NUESTROS PROPIOS ESFUERZOS O ACTOS. *"Ni de voluntad de carne"* (Juan 1:13). Nada de lo que pudiéramos ser o hacer puede agradar a Dios, mientras no hayamos nacido de nuevo. El nacimiento espiritual es un don de Dios, y no se consigue realizando actos buenos. "No por obras de justicia que nosotros habíamos hecho" (Tito 3:5). "No por obras, para que nadie se gloríe" (Ef. 2:8,9). No podemos vivir una vida *buena* mientras no pertenezcamos a la familia de Dios.

C.   NO POR MEDIO DE COSA ALGUNA QUE OTRO HOMBRE ALGUNO PUEDA HACER POR NOSOTROS. "Ni por *voluntad de varón*, mas de Dios" (Juan 1:13). Nada de lo que iglesia alguna pueda hacer por nosotros; nada de lo que predicador, sacerdote, o misionero pudiera hacer por nosotros, nos hará hijos de Dios. Ni ritos ni bautismo, ni confirmación ni comunión—nada puede hacernos hijos de Dios sino *sólo el recibir a Cristo como nuestro Salvador personal.*

III.   ¿Cómo Podemos Nacer de Nuevo?

"Mas a todos los que le recibieron (a Cristo) dioles potestad (el derecho) de ser hechos hijos de Dios, a los que creen en su nombre" (Juan 1:12). El nuevo nacimiento es el acto de recibir a un Salvador. Dios aborrece el pecado, pero ama al pecador. Su amor lo llevó a proveer un Salvador que quitase los pecados. "Porque de tal manera amó Dios al mundo, que ha dado a su Hijo unigénito, para que todo aquel que en él cree, no se pierda, mas tenga vida eterna" (Juan 3:16).

En vista de que Dios exige la pena de muerte por el pecado, la única forma de satisfacer la justicia de Dios es que el pecador pase la eternidad en el infierno, o que alguien muera en su lugar. "Dios encarece su caridad para con nosotros, porque siendo aún pecadores, Cristo murió por nosotros" (Rom. 5:8).

Se cuenta de un hombre que fue declarado culpable de un crimen y condenado a morir. Languidecía en la celda de la muerte esperando el día de la ejecución y se afligía por la suerte de su esposa y sus hijos, que queda-

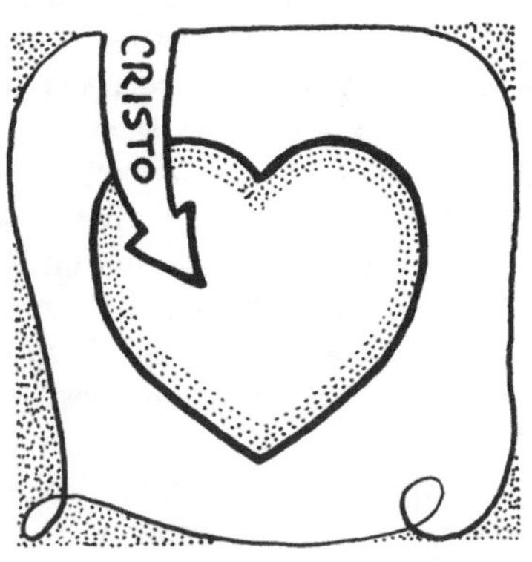

rían desamparados. Pero tenía un amigo. Este amigo era soltero y joven. Fue al juez y se ofreció para tomar el lugar del esposo y padre, con el fin de que éste pudiera salir en libertad. El juez estudió el caso y encontró que el crimen debía ser castigado con la muerte, pero le dijo al joven: "Si usted está dispuesto a someterse al castigo, la ley quedará satisfecha". El día de la ejecución ese joven murió en lugar de su amigo. El prisionero regresó a su esposa y a su familia con lágrimas de gratitud y vivió una vida ejemplar en la comunidad, "porque —decía— mi amigo murió por mí; quiero vivir una vida digna de él".

Con todo, este relato es inadecuado para ilustrar lo que Cristo hizo por nosotros. El murió por sus enemigos, mientras que el joven murió por su amigo. El sacrificio de Cristo escapa al entendimiento de nuestras mentes humanas. ¡Cómo pudo amarnos cuando nosotros no tenemos nada que inspire amor! "Mirad cuál amor nos ha dado el Padre, que seamos llamados hijos de Dios" (I Juan 3:1).

Un hombre en la celda de la muerte podrá abrigar esperanzas de alcanzar la libertad ofreciendo dinero. ¡Pero a Dios no se le puede sobornar! El criminal condenado podrá alentar esperanzas de que se alivie la condena por su buen comportamiento; pero si ya ha sido condenado, ni siquiera el buen comportamiento borra lo pasado. Necesita un substituto.

Notad nuevamente lo que dice Juan 1:12: "Mas a todos los que *le recibieron*". No se trata de aceptar un ritual, o la membresía de una iglesia, o la comunión o el bautismo de una iglesia, sino a una *Persona*, al Hijo de Dios.

Notad, por otra parte, que las palabras *recibir* y *creer* se encuentran ambas en el mismo versículo. Son intercambiables, significan lo mismo—invitar a Cristo a posesionarse de nuestra vida. Es un acontecimiento de un solo momento; sólo una vez en la vida "nacemos de arriba". "Todos sois hijos de Dios por la fe en Cristo Jesús" (Gál. 3:26).

Un hombre dijo luego de una clase bíblica, "Quiero ser salvo, pero no sé cómo hacer para recibir a Cristo. ¿Qué es lo que debo hacer?"

"Si llamo a la puerta de su casa cuando lo voy a visitar, y usted quiere recibirme, ¿qué hace?" le pregunté.

"Pues, abro la puerta y la invito a pasar", contestó.

"Precisamente", le dije. "Cristo llama a la puerta de su corazón, y usted oye su voz en el deseo que experimenta de ser salvo. ¿Por qué no lo invita a pasar? El dice, "He aquí, yo estoy a la puerta y llamo; si alguno oyere mi voz, y abriere la puerta, entraré a él". Arrodillémonos a orar y pídale que lo salve".

Es tan sencillo. Era sincero en su deseo de querer nacer de nuevo y vivir para Cristo; creía que Cristo era el Salvador y que lo libraría de sus pecados; de manera que, con su esposa y su hijo arrodillados con nosotros, oró y le pidió a Cristo que entrara en su corazón.

Cuando nos levantamos, dijo, "¡Cuánto me alegro de haber resuelto este asunto! ¡Hoy es el día de mi cumpleaños espiritual!"

IV. ¿A Qué se Refiere el Agua de Juan 3:5?

La Biblia siempre se explica sola. Jesús deja claramente sentado que el nuevo nacimiento es espiritual y que no tiene nada que ver con las cosas físicas. "Lo que es nacido del Espíritu, espíritu es", de modo que *agua* no puede referirse a agua en el sentido material o a algún uso ritual del mismo. ¿Qué, pues, significa? Buscad los siguientes versículos y ved que los agentes del nuevo nacimiento son:

A. EL ESPIRITU DE CRISTO, EL ESPIRITU SANTO (Juan 7:37-39; Gál. 3:26; Tito 3:5; Juan 1:12). Todas las promesas de salvación se basan en el acto de "creer en él". Nacemos de nuevo al recibir al Salvador, al Espíritu de Cristo. "Y si alguno no tiene el Espíritu de Cristo, el tal no es de él" (Rom. 8:9). El otro agente del nuevo nacimiento es:

B. LA PALABRA DE DIOS, LAS ENSEÑANZAS DE LA PALABRA DE DIOS (Rom. 10:17; Ef. 5:25; 26; Sant. 1:18; I Pedro 1:23). Aquí el agua se refiere a las enseñanzas de la Palabra de Dios, y en ningún caso al bautismo. El agua jamás lava el pecado.

V. ¿Cuál es el Resultado de Nacer de Nuevo?

A. NOS HACEMOS HIJOS DE DIOS. "Muy amados, ahora somos hijos de Dios" (I Juan 3:1,2). La expresión *muy amados* sólo se emplea con referencia a los que han nacido de nuevo. La Biblia no enseña la paternidad universal de Dios y la hermandad de todos los hombres, a menos que hayamos nacido de nuevo. Jesús dijo con respecto a sus discípulos: "Ve a mis hermanos, y diles: Subo a mi Padre y a vuestro Padre, a mi Dios y a vuestro Dios" (Juan 20:17).

Toda vez que hayamos nacido en la familia de Dios, comenzamos una nueva relación con él. Deja de ser el Juez y nosotros los reos; él pasa a ser nuestro Padre y nosotros sus hijos. Sólo entonces tenemos derecho a dirigirnos a él en oración; sólo entonces podemos experimentar su presencia en los momentos de dificultad: "Suyo soy y mío es él".

B. INICIAMOS UNA NUEVA VIDA. "De modo que si alguno está en Cristo, nueva criatura (creación) es: las cosas viejas pasaron; he aquí todas son hechas nuevas" (II Cor. 5:17). Como hijos de Dios ahora pertenecemos a él. Nuestro cuerpo es el templo del Espíritu Santo, que mora en nosotros, y ya no nos pertenecemos a nosotros mismos. "¿O ignoráis que vuestro cuerpo es templo del Espíritu Santo, el cual está en vosotros, el cual tenéis de Dios, y que no sois vuestros? Porque comprados sois por precio: glorificad pues a Dios en vuestro cuerpo y en

vuestro espíritu, los cuales son de Dios" (I Cor. 6:19,20). Ya no pertenecemos a Satanás, de manera que no queremos seguir sus caminos de pecado. Este es el momento de comenzar a vivir una vida cristiana y de obedecer la voluntad de Dios para nuestra vida; estamos en condiciones de ser bautizados; debemos vincularnos con alguna iglesia y hacernos miembros de la misma; debemos leer la Biblia y orar todos los días, y, además, servir a Dios.

Al hacernos hijos de Dios, debemos comenzar a actuar como tales. ¿Qué es lo que ocurre cuando los amigos miran a un recién nacido y procuran encontrar algún parecido de familia? Les parece descubrir que tiene "la nariz del padre", o los "ojos de la madre", o "la cabeza del abuelo".

Dios no sólo quiere que seamos sus hijos, sino que desea que seamos hijos buenos. "Porque todos los que son guiados por el Espíritu de Dios, los tales son hijos de Dios" (Rom. 8:14). "Porque todo aquello que es nacido de Dios vence al mundo" (I Juan 5:4).

Detengámonos un momento, y leamos I Juan 4. En este capítulo se repite la idea de no pecar o no hacer pecado. En el original griego el significado es el de "no practicar el pecado", o "no continuar cometiendo el pecado". No significa que jamás hayamos de caer en pecado, sino que no amamos el pecado ni hacemos del pecado una práctica. "Cualquiera que permanece en él, no peca (no practica el pecado)" (I Juan 3:6). "Cualquiera que es nacido de Dios, no hace pecado (no practica el pecado), porque su simiente (el Espíritu Santo) está en él; y no puede pecar (practicar el pecado), porque es nacido de Dios" (I Juan 3:9).

El que se dice hijo de Dios y no tiene convicción de pecado y continúa en pecado, aun cuando sabe que hace mal, no puede ser hijo de Dios. "El que hace (practica) pecado, es del diablo." (I Juan 3:8).

Conocía yo a una joven mujer que había sido criada en un hogar cristiano, era activa en la iglesia, y se la conocía como una niña creyente. Luego, poco a poco, comenzó a abandonar sus actividades en la iglesia; después dejó de concurrir a los servicios, y finalmente se volvió indiferente y dura. Orábamos por ella para que fuese restaurada a la comunión con Dios.

A medida que pasaba el tiempo se hundía más y más en el pecado, y no mostraba remordimiento alguno por el pecado; no le importaba que su vida sirviera como piedra de tropiezo, y no tenía deseos de volver a la congregación.

Enfermó repentinamente, y cuando yacía moribunda le dijo a sus padres: "Nunca fui cristiana. Traté de hacerme religiosa para agradarles, pero en realidad no significaba nada para mí. Dejé de disimular y me dediqué a vivir la vida como yo quería vivirla. No soy salva, y jamás lo he sido, y no me importa". Con estas palabras en sus labios, la joven murió.

Muchos de aquellos a quienes se considera descarriados, nunca han sido salvos, jamás han nacido de nuevo. Padres, no deis por supuesto que vuestros hijos son salvos simplemente porque participan en las actividades de la iglesia. Aseguraos de que realmente hayan nacido de nuevo. Desgraciadamente los hijos de Dios pecan a veces; no seremos perfectos hasta tanto no lleguemos al

cielo. Pero una indicación de que somos hijos de Dios es la de que no deseamos pecar. "Hijitos míos (muy amados renacidos), estas cosas os escribo, *para que no pequéis*" (I Juan 2:1).

Con todo, cuando pecamos, no dejamos de ser hijos de Dios. ¡No puede haber un camino inverso al nuevo nacimiento!

Cuando nuestros hijos se portan mal, no dejan por ello de ser hijos nuestros. Si somos buenos padres, los castigamos.

Un mal hijo de Dios no pierde la salvación, pero sí pierde su comunión o amistad con Dios. Los lazos de la salvación no pueden romperse jamás, pero el más leve pecado rompe la tenue hebra de la comunión. Cuando se interrumpe la comunión, no podemos ver sus bendiciones, no recibimos contestación a nuestra oración, su corrección y su mano caen sobre nosotros pesadamente (Sal. 32:4). Nada escapa. Cuanto antes buscamos el perdón y nos arrepentimos de nuestro pecado, tanto más pronto se restablecen la bendición y la comunión. "Si confesamos nuestros pecados, él es fiel y justo para que nos perdone nuestros pecados, y nos limpie de toda maldad" (I Juan 1:9).

C. TENEMOS UN NUEVO DESTINO. "En la casa de mi Padre muchas moradas hay... voy, pues, a prepa-

rar lugar para vosotros" (Juan 14:2,3). "La dádiva de Dios es vida eterna en Cristo Jesús Señor nuestro" (Rom. 6:23). El cielo es nuestro hogar; la gloria es nuestro futuro. Nadie puede esperar ver el hogar de Dios mientras no haya nacido en la familia de Dios. "El que no naciere otra vez, no puede ver el reino de Dios" (Juan 3:3).

El cielo estará poblado de los que han recibido al Hijo de Dios como su Salvador personal; aquellos que han elegido el medio de salvación provisto por Dios. Disfrutarán de la gloria de Dios y le servirán por toda la eterni-

dad. "Sus siervos le servirán. Y verán su cara" (Apoc. 22:3,4).

VI. ¿Cuándo Debemos Nacer de Nuevo?

"He aquí ahora el tiempo aceptable; he aquí ahora el día de salud" (II Cor. 6:2). No hay mejor momento para un cumpleaños que hoy mismo. ¡Haced este el día de vuestro cumpleaños espiritual!

El momento en que le pidáis a Cristo que entre en vuestro corazón, *y lo hagáis con sinceridad*, es el momento de vuestro nacimiento espiritual.

Si tenéis duda en cuanto a la fecha de vuestra salvación, aun cuando hayáis sido activo en la iglesia durante muchos años, haced este vuestro día de decisión y resolved la cuestión de una vez para siempre.

Un caballero dejó de concurrir a mis clases. La razón era esta: "¡Yo no creo estas cosas; no son las que me enseñaron de niño!"

La esposa le rogó que fuera: "Bueno, pero acompáñame, de cualquier manera. No tienes por qué aceptar lo que se enseña; por lo pronto servirá a título de información".

Volvió a las clases y asistió con regularidad durante

algunas semanas. Luego me invitaron una noche a su casa, con el fin de que contestara algunas preguntas y para discutir las lecciones. Esa noche estudiamos el tema del nuevo nacimiento. Recuerdo lo que dijo él, "Esto es lo que mi corazón viene buscando. ¡Cómo es posible que rechacé a Cristo tanto tiempo!"

"¿Está dispuesto a entregarle a Cristo su vida ya mismo?" le pregunté.

"Sí, estoy dispuesto". Las lágrimas asomaban a sus ojos.

Luego de orar, llamó a los niños y les explicó que había aceptado a Cristo y que ahora pertenecía a Dios. "Este es el día de mi nacimiento en la familia de Dios".

Los chicos asistían a la Escuela Dominical y habían estado orando por su padre. Les impresionó mucho saber que ya pertenecía a Dios. Al día siguiente, después que se había ido al trabajo, el varoncito dijo, "Mamá, si este es el día de nacimiento de papá, ¿no te parece que debiéramos preparar una torta de cumpleaños?"

"¡Sí; es una buena idea!" dijo la madre; "¡hagamos una ahora mismo!"

Esa noche cuando el padre volvió a la casa el chico entró al comedor con la torta. Tenía una sola vela. Entró cantando, "¡Cumpleaños feliz...!"

Los ojos del padre se llenaron de lágrimas, y dijo, "Pensar que por mucho tiempo luché contra la verdad de Dios. ¡Cuántos años he perdido!"

¿Por qué no celebráis vuestro cumpleaños espiritual cada año? Es más importante que vuestro cumpleaños físico, y mucho más importante que cualquier otro día en vuestra vida.

No podemos contar con el día de mañana. "No te jactes del día de mañana; porque no sabes qué dará de sí el día" (Prov. 27:1). ¡Haced este vuestro cumpleaños espiritual! Deteneos aquí mismo y pedidle a Cristo que entre en vuestro corazón, y luego dadle gracias por haberos hecho hijos suyos.

Una buena mujer y su esposo venían asistiendo a las clases;-me pareció que estaban ya preparados para decidirse por Cristo. Por ello me detuve en su casa una tarde para visitarlos. La mujer se encontraba sola en casa y estaba realmente ansiosa de recibir ayuda espiritual. Me preguntó, "¿Cómo puedo recibir a Cristo?"

Oramos juntas. Cuando nos levantamos, sonreía y lloraba a la vez. "¡Oh, qué contenta estoy! ¿Cómo puedo celebrar este día tan maravilloso?"

"¿Por qué no hace una torta de cumpleaños y le cuenta a su familia la decisión que ha tomado, cuando regresen a casa?" le sugerí.

Lo hizo. El esposo no dijo nada cuando ella dio su testimonio, pero esa noche el pastor habló con él y el hombre decidió aceptar a Cristo. Cuando el esposo entró en la casa de nuevo, con huellas de lágrimas en la cara y una sonrisa de felicidad en el rostro, dijo, "Mujer, saca esa torta de nuevo. ¡Es mi cumpleaños también!"

Examinad el esquema que sigue. ¿En qué lado os encontráis? ¿Estáis aún entre los pecadores, en la familia de los pecadores? La solución es que recibáis a Cristo ahora mismo y que sepáis que hoy es el día de vuestro nacimiento espiritual. ¿Os encontráis en la familia de Dios? En este caso, ¿sois hijos buenos de Dios, en comu-

nión con el Padre celestial? ¿Ha entrado el pecado en vuestra vida para interrumpir la comunión y las bendiciones? Este es el momento de confesar y abandonar ese pecado y comenzar desde hoy con la comunión renovada. Cualquiera sea vuestra necesidad, este es el momento apropiado para arreglar cuentas con Dios. Haced que este sea vuestro día de decisión.

CUESTIONARIO

1. ¿Cómo sabemos que no todos los hombres son hijos de Dios? (I Juan 3:10; Rom. 9:8).
2. ¿Por qué necesitaba nacer de arriba Nicodemo? (Juan 3:3).
3. ¿Por qué necesitamos nacer de nuevo nosotros? (Ef. 2:2,3; Juan 8:44; 3:5).
4. ¿Cómo sabemos que los niños pequeños van al cielo? (Mat. 18:3,10,14; 19:14).
5. ¿Cuándo es condenado por Dios el pecador? (Juan 3:18,36).
6. ¿Cuál es el resultado de pertenecer a la familia mala? (Rom. 1:18; II Tes. 1:9; Apoc. 21:8).
7. ¿Dónde pasará la eternidad Satanás? (Apoc. 20:10).
8. ¿Nacemos de nuevo mediante el bautismo? (Juan 1:13; Ef. 5:25; I Pedro 1:23).
9. ¿Cuál es el único acto que nos hace hijos de Dios? (Juan 1:12; Apoc. 3:20).
10. ¿Cuál es el resultado de nacer de nuevo? (II Cor. 5:17; Rom. 8:14).
11. ¿Dónde mora Dios aquí en la tierra? (I Cor. 6:19, 20).
12. ¿Desea el hijo de Dios "continuar cometiendo pecado" o "practicar el pecado"? (I Juan 3:9).
13. ¿Qué es la voluntad de Dios para sus hijos? (I Juan 2:1)

14. ¿Puede un hijo de Dios pecar alguna vez? (I Juan 2:1; 1:9).
15. ¿Cuál es el mejor momento para un nacimiento espiritual? (II Cor. 6:2).
16. ¿Podemos contar con otro día? (Prov. 27:1).
17. ¿Puede alguno llegar al cielo sin haber nacido de nuevo? (Juan 3:3).
18. ¿A quién obedecemos antes de nacer de nuevo? (Juan 8:44).
19. ¿Qué significa la palabra *creer*? (Juan 1:12).
20. ¿Merecíamos nosotros el sacrificio de Cristo en el Calvario? (Rom. 5:8).

6

LA FE Y LAS OBRAS

¿QUE SIGNIFICADO TIENE en la Biblia la palabra fe? Aun en círculos religiosos es mal entendida por muchos, y la gente tiene una idea vaga de que creer que Dios existe es suficiente para que todo salga bien, si uno cree en sí mismo y en los demás.

¡Qué lejos de la verdad está esta idea! Romanos 8:28 dice: "Y sabemos que a los que a Dios aman, todas las cosas les ayudan a bien". Amar a Dios es más que creer que haya un Dios. Los demonios también creen, y también lo cree Satanás, pero no son salvos (Sant. 2:19).

Buena parte de la religiosidad moderna es superstición; una especie de mezcla de temor pagano de un ser supremo, y una idea impertinente de que Dios es una especie de abuelo bonachón a quien no le interesa mucho lo que hagamos, con tal que hagamos lo mejor que podamos.

Empero, ¿qué nos dice Dios en su Palabra acerca de la fe?

Primeramente, habla acerca de *la fe*. Es decir, las enseñanzas de la Biblia, las doctrinas acerca de Dios y de sus tratos con el hombre (Hechos 16:5; Rom. 10:8; I Tim. 4:1; 5:8; II Tim. 4:7; I Cor. 16:13; II Cor. 13:5; Ef. 4:5; Col. 1:23; Judas 3). Estas doctrinas no han variado a través de los años, y son las mismas hoy como cuando Dios inspiró a sus apóstoles y profetas para que las escribiesen (I Tim. 4:1). No ha habido cambios, ni aditamentos, ni sustracciones por parte de Dios.

Tener fe significa aceptar la Palabra de Dios con confianza. Creemos que Dios es Dios, que él guardará su palabra y sus promesas (Heb. 11:6).

Fe salvadora—estudiaremos este asunto más adelante en esta misma lección.

Los fieles—los que aman a Dios y obedecen su Palabra (Mat. 25:21; I Cor. 4:2; Apoc. 2:10). La recompensa por la fidelidad es bendición presente y gloria por toda la eternidad.

I. Fe Salvadora

Dios dice que somos salvos por la fe en el Salvador. Ser salvos significa que somos librados de la pena del pecado, que es el infierno eternamente, y librados del poder del reino de Satanás ahora, en esta vida presente, y que algún día, cuando vayamos al cielo, seremos librados de la misma presencia del pecado.

La salvación es por fe y no por obras. "Justificados pues por la fe, tenemos paz para con Dios por medio de nuestro Señor Jesucristo" (Rom. 5:1). "No por obras de justicia que nosotros habíamos hecho, mas por su misericordia nos salvó" (Tito 3:5). Nada que podamos hacer nosotros nos libra del pecado; necesitamos un Salvador.

La salvación consiste en recibir a un Salvador—alguno que pueda quitar nuestro pecado y otorgarnos un pase para el cielo. Mientras no aceptemos el camino de salvación de Dios, con nada podremos agradarle, siendo "todas nuestras justicias como trapo de inmundicia" (Is. 64:6).

Suponed que alguien viniera a vuestra casa y apaleara a vuestro hijo y aun lo matara, y que luego se diera vuelta, sin sentido alguno de culpa, y se ofreciera a ayudaros en vuestro hogar o en el negocio. ¿Aceptaríais tal ofrecimiento de servicio? Sin lugar a dudas lo echaríais de la casa, diciéndole, "¡Fuera de aquí! ¡No quiero semejante ayuda!"

Y sin embargo hay gente que piensa que puede agradar a Dios haciendo esto o aquello, yendo a las reuniones, observando la cuaresma, participando en una procesión, donando dinero a la iglesia, recibiendo el bautismo, o haciendo obras de bien al prójimo; pero jamás han recibido al Hijo de Dios como su Salvador y rechazan su camino de salvación. No recibir a Cristo equivale a rechazarlo y ser culpable de su crucifixión.

No podemos decir que confiamos en Cristo cuando a la vez confiamos en nuestras propias obras para la salvación. Si tenemos que ayudarle a Dios en la obra de nuestra salvación, luego él no es Dios y no puede salvarnos. No se trata de Cristo *más* nuestras obras, o de Cristo *más* las ceremonias. Hay una sola escala que conduce al cielo —el Hijo mismo de Dios, el único camino, la única puerta, el único Mediador, el único Señor y la única fe (Juan 14: 6; 10:9; I Tim. 2:5; Ef. 4:5).

Podríamos decir que tenemos fe en una silla determinada, que puede aguantar nuestro peso y proporcionarnos descanso. Pero si al sentarnos en la silla nos tomamos de una mesa al alcance de la mano o de otra silla, resulta obvio que no confiamos en la silla en absoluto. O Cristo puede salvarnos o no puede. De seguro que no necesita nuestra ayuda. "Así que, concluimos ser el hombre justificado por la fe sin las obras de la ley" (Rom. 3:28; 4:5; Gál. 2:16).

II. Los Pasos de la Fe Salvadora

El camino de la fe que salva se desprende con tanta claridad de las Escrituras que hasta un niño puede entenderlo. No hay excusa en el sentido de que alguno se equivoque y no acierte con el camino. Lo triste es tener que reconocer que los hombres no acuden a la Biblia en busca de orientación, sino que más bien escuchan a algún vecino, a alguna iglesia, o aun a su propia imaginación torcida. Qué pobre consuelo resulta oír a gente bien intencionada decirle a los afligidos: "¡Levantad la frente! ¡Tened fe y todo saldrá bien al final!"

Hay tres pasos hacia la fe salvadora, y los tres se unen en el acto único de aceptar el camino de salvación propuesto por Dios.

A. CREER—esto no quiere decir que tenemos que entender todo lo que dice la Biblia. Pero sí quiere decir que creemos lo que dice Dios en cuanto al hecho de que somos pecadores y de que Cristo sea el único Salvador. La fe se basa en el *conocimiento* del camino de salvación propuesto por Dios. *La cabeza* debe estar informada, por cuanto "la fe es por el oír; y el oír por la palabra de Dios" (Rom. 10:17). La Biblia es el único libro que nos suministra esta verdad. "¿Cómo creerán a aquel de quien no han oído?" (Rom. 10:14). ¿Creéis vosotros que la Palabra de Dios es verdad? ¿Creéis que sois pecadores? ¿Creéis que Cristo Jesús es el Salvador? "Cree en el Señor Jesucristo, y serás salvo" (Hechos 16:31). En caso afirmativo habéis dado el primer paso hacia la salvación. Veamos cuál es el segundo.

B. ARREPENTIRSE—tanto el corazón como la cabeza tiene que ver con la fe salvadora. Cuando nos vemos como pecadores ante un Dios santo, y *aborrecemos* el pecado, y deseamos ser librados de él, hemos dado el segundo paso hacia la fe salvadora. Debemos creer en nuestro corazón (Rom. 10:9), y eso nos lleva mucho más hondo que el conocimiento mental simplemente. Incluye el *amor* y el *arrepentimiento*. "Si no os arrepintiereis, todos pereceréis igualmente" (Luc. 13:3; Rom. 2:4; II Pedro 3:9)

La salvación nos libra del *pecado*, como también del infierno. "Llamarás su nombre Jesús, porque él salvará a su pueblo *de sus pecados*" (Mat. 1:21). ¿De qué aprovecha decir que queremos ser salvos si deseamos continuar con nuestra vida de pecado? Dios no nos salva para que permanezcamos en pecado.

Cuántos son los que quieren llamarse cristianos, pero que no tienen ningún deseo de vivir la vida cristiana. Se impone en esos casos la pregunta siguiente: ¿Son realmente salvos?

Cuando somos *salvos*, somos salvos *de* algo *para* algo. Un hombre en un bote que se hunde, y que recibe contestación a sus llamados de auxilio, debe abandonar el bote que se hunde y entrar en la nave que viene a rescatarlo. Estamos tratando con un Dios que conoce nuestro corazón, y la salvación depende de nuestra sinceridad y arrepentimiento. Pero sentir pesar solamente por el pecado no es fe salvadora. Muchos bebedores lloran su condición y se arrepienten de sus andanzas, pero no son salvos. El arrepentimiento es el segundo paso hacia la fe salvadora.

C. RECIBIR—esto comprende la *voluntad*. Cuando nos damos cuenta de que somos pecadores, y aborrecemos nuestro pecado y queremos ser salvos, el paso siguiente es el de *pedirle* a Cristo que nos salve. Le recibi-

mos mediante la oración, pidiéndole que entre en nuestro corazón. "Si alguno oyere mi voz y abriere la puerta, entraré a él" (Apoc. 3:20). Tal vez no lo sintamos entrar, por cuanto no se trata de un acontecimiento físico, pero confiamos en que cumplirá su palabra. Somos salvos por fe.

Este último paso de la fe salvadora constituye un acto concreto, un conocimiento determinado en un momento preciso del tiempo, un momento de decisión. No basta con creer *acerca* del Salvador, y sólo sentir pesar por el pecado; debemos *invitar* a Cristo a hacerse cargo de nuestra vida.

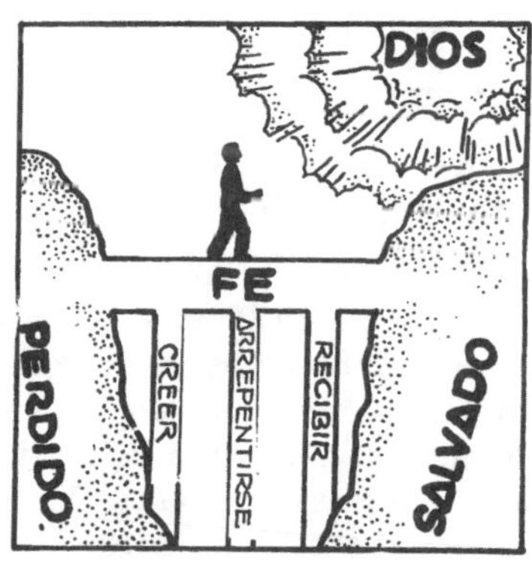

Algunas veces los tres pasos se dan simultáneamente. Otras en forma gradual. Pero el momento en que recibimos a Cristo como nuestro Salvador personal, es el momento de nuestra salvación; nacemos de nuevo, somos justificados, santificados, convertidos. "Porque todo aquel que invocare el nombre del Señor, será salvo" (Rom. 10:13). "Mas a todos los que le recibieron, dioles potestad de ser hechos hijos de Dios" (Juan 1:12). ¡Nos salvamos una sola vez!

Así que la fe que salva comprende la *cabeza*, el *corazón*, y la *voluntad*. Es una rendición completa a Jesucristo de todo lo que somos y tenemos. Aun los pies se someten, para en adelante caminar para Dios. Es una "media vuelta" total del pecado hacia Dios y su justicia.

III. ¿Qué Lugar Ocupan las Buenas Obras en la Fe Salvadora?

"Porque por gracia sois salvos por la fe; y esto no de vosotros, pues es don de Dios; no por obras, para que nadie se gloríe" (Ef. 2:8,9). Las obras no tienen nada que ver con la salvación, *pero somos salvos para realizar buenas obras.* "Porque somos hechura suya, criados en Cristo Jesús para buenas obras, las cuales Dios preparó para que anduviésemos en ellas" (Ef. 2:10).

Una señora recién convertida en las Filipinas estaba preocupada por su esposo, porque era completamente an· tagónico al Señor, y jugador empedernido. Aun cuando conseguimos que viniera a algunas reuniones bajo una carpa, no tenía interés en hacerse cristiano, y sólo concurría porque le entretenían las vistas luminosas, la música y los dibujos. Antes de la invitación cada noche, salía sigilosamente de la carpa evitando enfrentarse con su conciencia. Una noche—y esa noche salí yo sigilosamente— me puse detrás de él para impedir que saliera.

Hablamos largamente esa noche su esposa, él y yo, y al final oró pidiendo al Señor Jesucristo que lo salvara. Recuerdo que mi impresión en esa ocasión era que ese hombre tenía mucho camino que recorrer espiritualmente. Me preguntaba si era realmente sincero.

Pero el tiempo se encargó de demostrar su sinceridad. Mantuvo las promesas que hizo a Dios. Abandonó el juego y otros vicios mundanos. Concurría fielmente a los servicios de culto. Se hizo amigo leal. Pero había algo que seguía preocupándolo, por cuanto no se había rendido incondicionalmente al Señor.

Durante la reunión final de consagración al terminar la campaña, cuando los recién convertidos estaban reunidos alrededor de una enorme fogata en el sitio baldío al lado de la carpa, me puse a observar a este hombre en particular. Se sentía sumamente incómodo, por lo visto, mientras uno tras otro de los nuevos creyentes daba su testimonio y arrojaba al fuego cosas que consideraba impedimentos a la vida cristiana, en forma similar a lo que hacían los primeros cristianos en los tiempos de los apóstoles, cuando quemaban sus libros de magia en testimonio de haber comenzado una nueva vida para Dios. Algunos arrojaban a las llamas libros mundanos, otros cigarrillos, etc., mientras que nuestro amigo se mantenía nerviosamente acariciando algo en el bolsillo.

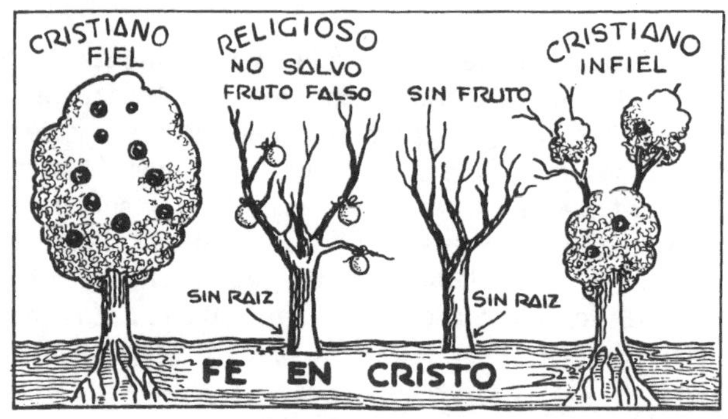

Finalmente pasó adelante. Con la voz entrecortada dijo, "He estado guardándome algo que sé que debo quemar yo también. ¡Lo entrego a Dios!" Metiendo la mano en el bolsillo sacó sus dados favoritos y los arrojó a la hoguera. Los había tenido guardados durante varias semanas con la esperanza de que pudiera usarlos otra vez.

Algunos meses después yacía postrado en cama con tuberculosis. Todos los vecinos y todos sus anteriores compañeros de juego que lo visitaban, oían el Evangelio de sus labios. ¡Todos sabían que este hombre se había convertido de veras!

Nuestro pasaporte al cielo es tener a Cristo como nuestro Salvador; pero nuestra recompensa en el cielo será según vivamos para él aquí. La fe salvadora siempre produce buenas obras. "Los que creen a Dios procuren gobernarse en buenas obras" (Tito 3:8).

Somos justificados ante Dios por fe en Cristo; somos justificados ante el hombre según cómo vivamos. "La fe sin obras es muerta" (Sant. 2:20). "Hermanos míos, ¿qué aprovechará si alguno *dice que tiene fe*, y no tiene obras? ¿Podrá *(esa clase de) fe salvarle?*" (Sant. 2:14).

La fe salvadora *debe producir fruto*. Las buenas obras son una indicación visible a los demás de que estamos en Cristo. "Por sus frutos los conoceréis" (Mat. 7:20). La fe sin obras no es fe salvadora; es una profesión muerta de salvación—no una posesión real del Salvador.

IV. ¿Cuáles Son Buenas Obras
en el Concepto de Dios?

Todo lo que se haga en el nombre de Cristo y para su gloria es buena obra a la vista de Dios, y produce recompensa eterna. "Y cualquiera que os diere un vaso de agua *en mi nombre* porque sois de Cristo, de cierto os digo que no perderá su recompensa" (Mar. 9:41). "Y cualquiera que diere... un vaso de agua fría solamente, en nombre de discípulo, de cierto os digo, que no perderá su recompensa" (Mat. 10:42).

El *motivo* de nuestros actos determina la recompensa. Aun el decir oraciones con motivo indigno sólo trae aparejada la admiración de los hombres, pero no la aprobación de Dios (Mat. 6:2).

¿Qué diremos de la acción social y cívica? ¿Qué diremos de movimientos nacionales como la Cruz Roja, orfanatos, hospitales? ¿Son éstas buenas obras?

Son, efectivamente, obras buenas; pero sólo al nivel del hombre. Proporcionan mejoramiento aquí en la tierra, elevando las condiciones de vida, y la recompensa por tales esfuerzos se recibe en la tierra; pero no traen recompensa espiritual en el cielo.

Lo que hacemos porque amamos a Dios, con el fin de que otros lleguen a conocerle, trae recompensa eterna. Los orfanatos y hospitales que procuran principalmente el bienestar espiritual, y tratan de ganar almas para Dios, producen resultados para la eternidad.

Los frutos de la vida cristiana son triples. El árbol de la fe tiene tres ramas.

A. UN CARACTER SEMEJANTE AL DE CRISTO. "Mas el fruto del Espíritu es: caridad, gozo, paz, tolerancia, benignidad, bondad, fe, mansedumbre, templanza" (Gál. 5:22,23). Cuando somos salvos, debemos también ser salvos de defectos pecaminosos de carácter. En ade-

lante debe haber amor en lugar de espíritu de pendencia, gozo en lugar de ánimo de queja, paz en lugar de preocupación, paciencia en lugar de irritabilidad. Si Cristo puede salvar nuestra alma, indudablemente ha de cambiar nuestra disposición de ánimo también. Es fácil decir, como a veces oímos, "¡Soy tan nervioso que no puedo controlarme!" La verdad es que nos agrada ser así y ver cómo nos rehuyen los demás en tales casos.

El *yo* debe dar sus frutos también cuando somos salvos.

B. OBEDIENCIA A LOS MANDAMIENTOS DE DIOS. Muchas personas cumplen actos religiosos y dicen muchas oraciones, pero no saben en realidad cuáles son los mandamientos de Dios para el creyente. "El que dice, Yo le he conocido, y no guarda sus mandamientos, el tal es mentiroso" (I Juan 2:4). Los mandamientos del Nuevo Testamento pueden resumirse de la siguiente manera:

1. "Sed santos, porque yo soy santo" (I Pedro 1:16). Dios nos ayudará a vivir una vida santa si nos rendimos a él. La vida santa es el mandamiento suyo para sus hijos. No es solamente una sugestión; es un mandamiento. "Apártese de iniquidad todo aquel que invoca el nombre de Cristo" (II Tim. 2:19). Desobedecer es pecado.

2. "Orad sin cesar" (I Tim. 5:17). Esto también es

un mandamiento. Desobedecer es pecado.

3. "Escudriñad las escrituras" (Juan 5:39). Dedicar tiempo diariamente a la Palabra de Dios y a la oración es un deber si hemos de ser creyentes obedientes. Desobedecer es pecado.

4. "No dejando nuestra congregación" (no dejando de congregarnos para la adoración) (Heb. 10:25). Es mandamiento de Dios que los creyentes nos reunamos para adorar. No hay alternativa. Desobedecer es pecado.

5. "Me seréis testigos" (Hech. 1:8). Este es un mandamiento de Dios para cada cristiano. No nos permite elegir si hemos de ser testigos suyos o no, sino que tenemos el privilegio de testificar mediante el bautismo, mediante nuestra vida, y mediante nuestras palabras. Desobedecer es pecado.

6. "Dad, y se os dará" (Luc. 6:38). Debemos dar nuestro tiempo, nuestros talentos, nuestros diezmos y ofrendas, y aun nuestro espíritu y cuerpo como sacrificio vivo a Dios (Rom. 12:1; I Cor. 16:1,2). Desobedecer es pecado.

C. TRAER A OTROS AL CONOCIMIENTO DE CRISTO. "Yo os elegí a vosotros; y os he puesto para que vayáis y llevéis fruto" (Juan 15:16). "Como me envió el Padre, así también yo os envío" (Juan 20:21). El fruto se manifiesta en nuestros esfuerzos por ganar a otros para Cristo. Si sabemos que el cielo es nuestro hogar, no podemos menos que contar a otros acerca de nuestro Señor. Una cosa se sigue a la otra con la mayor naturalidad del mundo. Ningún padre se conforma con salvarse, sin desear también la salvación de sus hijos; ningún esposo queda satisfecho mientras su esposa no haya llegado a conocer a Cristo. El buscar almas es tan natural como el hecho mismo de poseer la fe salvadora.

El que seamos cristianos depende de nuestra fe en Cristo.

El que se vea que somos cristianos depende de nuestras obras para Cristo.

El cristiano debe ser semejante a Cristo. "En esto conocerán todos que sois mis discípulos, si tuviereis amor los unos con los otros" (Juan 13:35; I Juan 4:10,11).

Mas, ¿qué significa tener amor hacia los demás? No significa, desde luego, que andamos en busca de popularidad personal. Cuando sabemos que los hombres y mujeres están perdidos y en camino al infierno, el amor verdadero nos lleva a advertirles que deben huir de la ira que ha de venir. Condonar y suavizar el pecado no es amor. Palmear a la gente en la espalda y darles una falsa seguridad no es amor. Es egoísmo. Tememos perder nuestra popularidad. Hablar la verdad con amor es cumplir el mandamiento de Dios de ser embajadores para él. *El amor se manifiesta en un deseo de bienestar para el ser que se ama, y en deleite frente a la posesión de ese bienestar por el ser amado.*

Le explicaba a un interesado las cosas de Dios cierta noche. El hombre me habló en estas palabras: "Si todo esto es así, ¿por qué razón todos los cristianos no lo anuncian de viva voz todos los días desde los techos de sus casas?"

No sabía qué contestarle. ¿Por qué? ¿Será que realmente no creemos que el Evangelio es el poder de Dios para la salvación? ¿O será que no sentimos amor hacia las almas?

Recuerdo a una dama que se negó a concurrir a mis clases bíblicas. Eludió la invitación que le hicieron sus vecinas diciendo esto: "Todos los que concurren a esas clases se vuelven fanáticos. ¡Yo no quiero ser fanática!"

Pero al fin se cansó de inventar excusas, y resolvió asistir una sola vez "para que me dejen tranquila". Esa única vez fue el principio. Siguió viniendo hasta que terminó aceptando a Cristo como su Salvador. Luego, naturalmente, comenzó a preocuparle la situación de su familia y de sus amigas. Pronto el vecindario la conocía como fanática a ella también.

Ella contestaba de esta manera: "¡Me alegro de ser fanática por Cristo!"

Hoy esa "fanática por Cristo" ha tenido el gozo de ver a toda su familia aceptar a Cristo.

No es amor quedarse de brazos cruzados y contemplar cómo arde la casa de los vecinos y no despertarlos, simplemente "porque no les guste que se los moleste". El amor consiste en advertir a los hombres y mujeres de su peligro, para que escapen el juicio de Dios.

CUESTIONARIO

1. ¿Cree en Dios Satanás? (Sant. 2:19).
2. ¿Qué se entiende por "la fe"? (Judas 3).
3. ¿Cuál es el resultado de ser fiel? (Apoc. 2:10).
4. ¿Ayudan para la salvación nuestras buenas obras? (Tito 3:5).
5. ¿Cuál es el camino de la salvación? (Rom. 5:1).
6. ¿Cuál es el primer paso hacia la fe salvadora? (Rom. 10:17).
7. ¿Cuál es el segundo paso hacia la fe salvadora? (Luc. 13:3).
8. ¿Cuál es el tercer paso hacia la fe salvadora? (Rom. 10:13).
9. Si somos salvos por fe, ¿necesitamos hacer buenas obras? (Ef. 2:8-10; Tito 3:8).
10. ¿Cuál es para Dios el objeto de las buenas obras? (Mat. 10:42).
11. ¿Cómo debe cambiar nuestro carácter cuando somos salvos? (Gál. 5:22,23).
12. ¿Debemos obedecer los mandamientos de Dios? (I Juan 2:4).
13. ¿Podemos ser cristianos y no concurrir a los cultos? (Heb. 10;25).
14. ¿A quiénes desea utilizar Cristo para extender el Evangelio? (Juan 20:21).
15. ¿Cómo puede el mundo saber que somos cristianos? (Juan 13:35).
16. ¿Es necesaria la lectura de la Biblia? (Juan 5:39).
17. ¿Deben los cristianos dar dinero a Dios? (I Cor. 16:2).
18. ¿Es salvo el hombre simplemente porque diga que tiene fe? (Sant. 2:14).
19. ¿Por qué nos salva Dios? (Ef. 2:10).
20. ¿Somos salvos por fe o por guardar la ley? (Rom. 3:28).

7

EL ALMA DESPUES DE LA MUERTE

LA CURIOSIDAD POR AVERIGUAR lo que ocurre después de la muerte ha dado lugar a extrañas supersticiones y especulaciones. Esto a pesar de que Dios ha dado toda la información necesaria acerca del más allá, si sólo los hombres leyeran y creyesen. El Señor Jesucristo nos dice lo que hay más allá de la tumba. Pero en lugar de aceptar lo que dice Dios, la gente inventa locas teorías por su cuenta acerca de la reencarnación, de espíritus y duendes. Ignoran completamente al único que puede contestar estas preguntas.

El hombre es superior a todas las otras formas de vida, en que es una persona *inmortal*. La vida vegetal tiene cuerpo; los animales tienen cuerpo y conciencia de sí mismos. El hombre tiene espíritu, alma, y cuerpo. El alma y el espíritu constituyen *la persona*.

El cuerpo es la casa física donde mora la persona mientras permanece en esta tierra. El alma es la conciencia de sí mismo que responde al medio ambiente y a los pensamientos, y es el centro de los sentidos—gusto, tacto, olfato, oído, vista. El espíritu es la parte capaz de comprender las cosas espirituales; la que nos hace conscientes de Dios, la conciencia.

"Que vuestro espíritu y alma y cuerpo sea guardado entero sin reprensión para la venida de nuestro Señor Jesucristo" (I Tes. 5:23; Heb. 4:12).

Dios creó al hombre según su propia imagen moral, en contraste con los animales y las plantas. Cuando el primer hombre y su mujer eligieron desobedecer a Dios, perdieron su perfección espiritual y su comunión con Dios, y sobre sus cuerpos físicos cayó la maldición de la aflicción, el dolor, el trabajo, la fatiga y la muerte.

I. La Palabra "Muerte" Significa Separación

Cuando el hombre muere, la persona abandona el cuerpo, el cuerpo va al sepulcro y vuelve al polvo hasta el momento de la resurrección. La Palabra de Dios enseña que de dos destinos hay uno sólo para cada persona después de la muerte—el cielo o el infierno.

II. El Cielo

El cielo es un destino real—no se trata simplemente de un invento de la imaginación, o de un estado que se

alcanza aquí en la tierra. Algún día la tierra será destruida, como así también el universo; pero el cielo de Dios es eterno—"ciudad con fundamentos, el artífice y hacedor de la cual es Dios" (Heb. 11:10). Cristo dijo a quienes le amaban: "En la casa de mi Padre muchas moradas hay: de otra manera os lo hubiera dicho: voy, pues, a preparar lugar para vosotros... para que donde yo estoy, vosotros también estéis" (Juan 14:2,3).

III. Hay Tres Cielos

A. El *primer cielo* es la atmósfera que nos rodea, donde están las nubes y donde vuelan las aves.

B. *El segundo cielo* es el vasto universo más allá de nuestra atmósfera, que contiene las galaxias y los planetas.

C. El cielo donde mora Dios se llama el *tercer cielo*. Este lugar se llama también la gloria, el paraíso, la Ciudad Santa.

El cielo de Dios es para quienes han recibido a Cristo Jesús como su Salvador personal. Cuando el creyente muere físicamente, se entierra su cuerpo para esperar la resurrección, y se dice de él que "duerme en Cristo" (I Cor. 15:16-20). La Biblia no enseña el "sueño del alma". La persona del creyente va inmediatamente a estar con Cristo al morir—"...partir del cuerpo, y estar presente al Señor" (II Cor. 5:8); "ser desatado (partir), y estar con Cristo, lo cual es mucho mejor" (Fil. 1:21-23). Disfruta de bienaventuranza.

¿Qué se sabe sobre la Ciudad Santa? (Léase Apoc. 21:20-27; 22:1-5). Notad que hay doce puertas. En caso de que hayáis creído que Pedro cuida la puerta del cielo, ¿cuál de las doce será? La Biblia nos dice que Cristo mismo es quien abre o cierra el paso al cielo (Apoc. 1:19).

La Ciudad Santa tiene la misma altura, anchura y longitud. Que tenga forma de cubo o de pirámide, el asunto no tiene mayor importancia. A algunas personas les preocupa el tamaño de la ciudad (312.000 kilómetros cuadrados) y se preguntan, "¿Cómo han de caber en una ciudad de ese tamaño todos los creyentes que han existido?" ¿Quién dijo que vamos a vivir en una ciudad? No necesitaremos reparo ni edificios en toda la eternidad. No habrá tormentas, ni lluvia, ni sol, ni calor; no necesitaremos protección, ni lugar de descanso. A través de la eternidad los creyentes tendrán acceso a los nuevos cielos y a la nueva tierra y a la presencia de Dios. Como Cristo, podremos ir a cualquier parte, hacer cualquier cosa y aparecer y desaparecer a voluntad.

Otros se preguntan, "¿Cómo puede una perla ser lo

suficientemente grande como para servir de puerta de una ciudad?" Esto tampoco constituye problema. ¿Quién hizo las perlas? ¿Acaso no puede el Dios Todopoderoso hacer una perla de cualquier tamaño? ¿Y cómo pueden ser transparentes las calles de oro? El oro refinado a tal punto que sea digno de la ciudad Santa de Dios bien podría ser transparente, si así lo quiere Dios. No interesa realmente el que la descripción de la ciudad sea literal o simbólica; una cosa sabemos con certeza, y es que será todo lo bella y todo lo grande que sea necesario para que perdure.

Lo que realmente interesa es que "sus siervos le servirán; y verán su cara" (Apoc. 22:3,4). No nos vamos a pasar el tiempo sentados en una nube tocando el arpa. Será para nosotros gloria y bienaventuranza física y espiritual, y serviremos para siempre jamás en la presencia del Señor que nos amó y se entregó por nosotros, en compañía de todos los que le aman como nosotros. Nos conoceremos unos a otros y entenderemos todas cosas desde el punto de vista de Dios, por cuanto seremos como Cristo mental, moral y físicamente. Entonces entenderemos por qué algunos irán al infierno, y por qué tuvimos tantos problemas aquí en la tierra; entenderemos el plan de Dios para las edades, y los *misterios del universo*. ¡Entonces podréis visitar Marte sin indumentaria especial para el espacio si lo deseáis!

IV. Hay Dos Resurrecciones Principales

A. LA PRIMERA ES PARA CREYENTES. "Bienaventurado y santo el que tiene parte en la primera resurrección; la segunda muerte no tiene potestad en éstos; antes serán sacerdotes de Dios y de Cristo, y reinarán con él mil años" (Apoc. 20:6). La primera resurrección tiene lugar cuando Cristo vuelve a llevar a los creyentes consigo a la gloria.

Hasta la resurrección de los creyentes, los que mueren en el Señor disfrutan sólo de bienaventuranza espiritual en el cielo, porque sus cuerpos se encuentran en la tumba. En el momento de la resurrección reciben cuerpos que serán como el cuerpo de Cristo cuando él resucitó. Recuérdese que cuando Cristo resucitó de los muertos pudieron reconocerlo; podía comer y hablar; tenía carne y huesos. Pero era diferente en el sentido de que podía atravesar puertas cerradas; podía aparecer y desaparecer de la vista de los demás; podía ascender a las nubes; la gravedad no tenía poder sobre él. "Cuando él apareciere, seremos semejantes a él, porque le veremos como él es" (I Juan 3:2). Jamás tendremos hambre, jamás sufriremos, jamás moriremos. ¡Aleluya! "Así también es la resurrección de los muertos. Se siembra (sepulta) en corrupción, se levantará en incorrupción; se siembra (sepulta) cuerpo animal (natural), resucitará espiritual cuerpo" (I Cor. 15:42-44). De modo que por toda la eternidad los creyentes disfrutarán de bienaventuranza física y espiritual.

"Tampoco, hermanos, queremos que ignoréis acerca de los que duermen... traerá Dios con él a los que durmieron en Jesús... Porque el mismo Señor con aclamación... descenderá del cielo; y los muertos en Cristo resucitarán primero" (I Tes. 4:13-16).

B. LA SEGUNDA RESURRECCION SERA PARA INCREDULOS. "Y vi los muertos, grandes y pequeños,

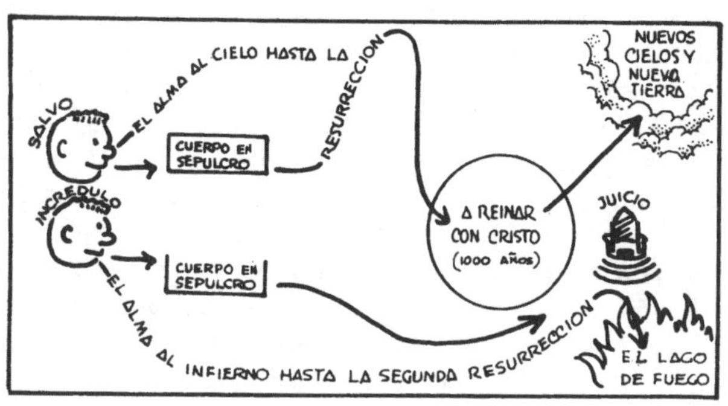

que estaban delante de Dios; y los libros fueron abiertos... y el mar dio los muertos que estaban en él; y la muerte y el infierno dieron los muertos que estaban en ellos... y el infierno y la muerte fueron lanzados en el lago de fuego. Esta es la muerte segunda. Y el que no fue hallado escrito en el libro de la vida, fue lanzado en el lago de fuego'' (Apoc. 20:12-15).

V. El Infierno

La Biblia enseña más acerca del infierno que del cielo. El infierno es un sitio. La tierra no es el infierno,

ni es tampoco fruto de la imaginación el infierno. Es un lugar de tormento espiritual en la actualidad, porque los cuerpos de los que mueren en incredulidad están en la tumba. Se cree que está en el centro de la tierra. "El camino de la vida es hacia arriba al entendido, para apartarse del infierno abajo" (Prov. 15:24).

Los incrédulos no son aniquilados después de la muerte—no dejan de existir. Existen en condición de ruina y separación consciente de Dios por toda la eternidad. "Se manifestará el Señor Jesús del cielo con los ángeles de su potencia, en llama de fuego, para dar el

pago a los que no conocieron a Dios, ni obedecen al evangelio de nuestro Señor Jesucristo; los cuales serán castigados de eterna perdición por la presencia del Señor, y por la gloria de su potencia" (II Tes. 1:7-9). La palabra *destrucción* no significa aniquilación. Aunque se queme y se desparramen las cenizas, la fórmula química es la misma. No hay aniquilación de *nada*, y esto incluye a hombres. *Destruir* significa "inutilizar en su capacidad o función original; arruinar".

"Fuego que no puede ser apagado; donde su gusano no muere, y el fuego nunca se apaga" (Mar. 9:43,44). Aquí la palabra *gusano* se refiere al "germen de la vida", o sea al alma. La destrucción eterna es separación eterna de Dios en los tormentos.

Se pregunta a veces: "¿Pero es realmente fuego el que se menciona en relación con el infierno?" La Biblia emplea con frecuencia la palabra *fuego* con el significado simbólico de prueba, sufrimiento, etc. Sin embargo, cuando la Palabra de Dios tiene sentido simbólico generalmente da también la explicación correspondiente. En el caso del fuego del infierno, jamás se explica que no sea fuego en el sentido literal. "Si tu mano o tu pie te fuere ocasión de caer, córtalo y échalo de ti: mejor te es entrar cojo o manco en la vida, que teniendo dos manos o dos pies ser echado en el fuego eterno" (Mat. 18:8).

Otros preguntan: "Si Dios es un Dios de amor, ¿cómo pudo crear algo tan cruel como un infierno eterno?"

El infierno no fue hecho para el hombre. Se hizo para Satanás y sus ángeles. Pero los hombres que desobedecen a Dios y siguen a Satanás, algún día se irán con él. Dios es un Dios de amor, y por esa razón proporcionó un Salvador para el pecador. Quienes rechazan al Hijo de Dios y pisotean su sangre, no pueden alentar esperanzas de escapar el castigo eterno; y desde luego que lo tendrán merecido.

VI. El Lago de Fuego

Hay diferencia entre el infierno en la actualidad y el lago de fuego de la eternidad. Los que están en el infierno actualmente sólo experimentan tormento espiritual, por cuanto sus cuerpos están en la tumba. Después de la segunda resurrección, los cuerpos de los incrédulos serán levantados y se convertirán en cuerpos espirituales, que no pueden morir ni ser destruidos. A través de la eternidad padecerán tormento físico y espiritual en el lago de fuego. La Biblia no especifica dónde estará el lago de fuego, pero podemos estar seguros de que no será en el centro de la tierra, porque Dios hará una *nueva tierra* en la cual "mora la justicia" (II Pedro 3:13).

Pero no cabe duda de que habrá un lago de fuego. "Y el diablo que los engaña, fue lanzado en el lago de fuego y azufre... y será atormentado día y noche para siempre jamás... y el infierno y la muerte fueron lanzados en el lago de fuego. Esta es la muerte segunda... el lago ardiendo con fuego y azufre, que es la muerte segunda" (Apoc. 20:10,14; 21:8).

Versículos como éstos quitan toda frivolidad al asunto del infierno. Cuántos son los que se ríen y dicen, "¡No me importa ir al infierno; no me faltará compañía allí!" Con seguridad que habrá muchos otros. ¡Pero compañía sí que no! Habrá lloro y crujir de dientes. Qué valor tendrá el que haya otros, si todos estarán crujiendo dientes. No hay amor en el infierno, ni paz, ni esperanza, ni luz, ni misericordia, ni amistad; ni palabras tales como *madre*, *novia*. ¡Ni siquiera una sola gota de agua! No es cuestión de risa el infierno.

Una mujer, a quien estaba tratando de convencer que debía aceptar al Señor Jesucristo como su Salvador, me dijo: "Mi esposo murió sin religión. Si él está en el infierno yo no quiero ser salva. ¡Quiero estar con él! Qué pobre consuelo el de esta mujer. Es inconcebible el amor entre marido y mujer en el infierno.

Un hombre me dijo, "¡No me conviene hacerme cristiano; tendría que abandonar mi negocio!"

"¿Qué negocio tiene?" le pregunté.

"Vendo bebidas".

"Veamos. ¿Cuánto dinero piensa ganar durante el resto de su vida?"

Hizo algunos cálculos, y luego mencionó una interesante suma de varios cientos de miles.

"¿Aceptaría un cheque por esa cantidad ya mismo, a cambio de la eternidad en el infierno?"

Titubeó y pensó un momento, y finalmente movió la cabeza negativamente. "No; supongo que no. ¡Es un precio demasiado bajo por mi alma!" Ese mismo día aceptó a Cristo como Salvador y... ¡cambió de negocio!

"¿Qué aprovechará al hombre, si granjeare todo el mundo, y pierde su alma?" (Mar. 8:36).

VII. Destino de los Muertos en los Días del Antiguo Testamento

Llegamos ahora a otro aspecto del tema. (Léase 16: 19-31). En los tiempos del Antiguo Testamento la gente no iba al cielo a estar con Cristo—Cristo no había venido

Destino de las almas de los muertos

a la tierra aún. Iban a la "morada de las almas de los muertos" llamada Sheol (hebreo), Hades (griego), en el centro de la tierra. Tenía dos secciones. Los justos iban al paraíso, y los inicuos a Tártaro o el sufrimiento. El paraíso se llamaba también "seno de Abraham" y era un lugar de bienaventuranza espiritual. La otra sección equivalía a tormento espiritual. Entre las dos secciones había un vacío o abismo que no podía ser traspasado. Este vacío no es el purgatorio o el limbo, ni ningún estado intermedio, sino un vacío o barrera invisible tal que quienes se encontraban en el paraíso no podían pasar al lugar de sufrimiento y los que se encontraban en el lugar de tormento no podían pasar al de consuelo. Ambos lugares estaban en el infierno, la morada de las almas de los muertos.

Leed nuevamente el relato que hace Cristo de la muerte del rico y Lázaro. No se trata de una mera parábola, por cuanto Jesús da el nombre del mendigo, y en otros casos no les da nombres a personajes ficticios. Tanto el rico como el mendigo murieron; uno fue llevado a disfrutar de bienaventuranza y el otro a padecer tormento. Estaban ambos plenamente despiertos y conscientes. Las almas no duermen.

Alguien ha de preguntar: "Si sus cuerpos estaban en la tumba, ¿cómo podían estar en la gloria o en los tormentos?"

Recuérdese que el alma es el centro de los sentidos, lo que hace a la persona consciente de sí misma.

Cuando el rico quiso que Lázaro fuera a auxiliarlo, se le dijo que no había comunicación entre ambos lugares. La gran sima está constituida o *fija*. Los muertos no cambian su destino después de la muerte; no hay una segunda oportunidad después de la muerte.

¡Repentinamente le viene al rico una especie de visión misionera! Pero ya es demasiado tarde (Luc. 16:27-31). Pocos momentos en el infierno bastan para probar que el mismo existe. Si los que vivimos aún pudiéramos echar un vistazo al infierno, quizá todos fuésemos misioneros. Si los cristianos creyesen realmente que los inconversos están perdidos, y que el infierno es eterno, todos se dedicarían de lleno a ganar almas.

Pero así como los que se encuentran en los tormentos nunca dejan de sufrir, y los que disfrutan de bienaventuranza jamás pierden el gozo, así también es cierto que las almas de los muertos no vuelven a la tierra en esta época. ¡Las ánimas no andan sueltas! Podrían citarse algunas raras excepciones a esta regla en el Antiguo Testamento. Samuel apareció a la pitonisa de Endor; Moisés

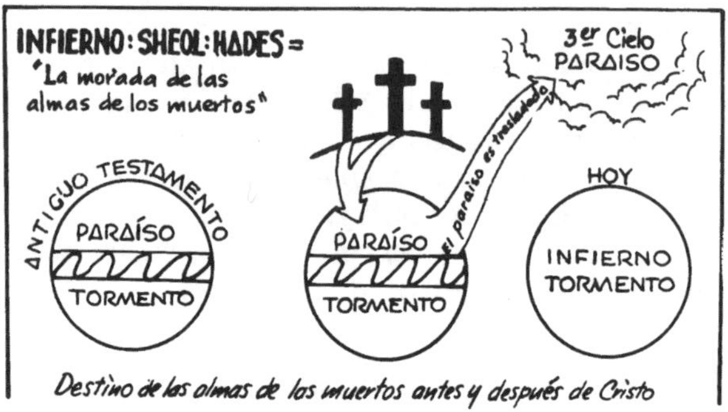

Destino de las almas de los muertos antes y después de Cristo

y Elías aparecieron al Señor en el Monte de la Transfiguración; después de la muerte de Cristo algunos de los muertos; aparecieron en Jerusalem. Pero fueron casos contados—excepciones.

Cuando Cristo murió fue al paraíso. Recuérdese que le dijo al ladrón de la cruz, "Hoy estarás conmigo en el paraíso" (Luc. 23:43). El paraíso estaba en el centro de la tierra, en el lugar denominado Sheol, Hades, o infierno. Cristo bajó al infierno mientras su cuerpo estaba en la tumba. "Su alma no fue dejada en el infierno, ni su carne vio corrupción" (Hechos 2:25-31). Cristo murió, realmente. Su cuerpo fue depositado en la tumba, y su espíritu bajó a las profundidades de la tierra. "Había descendido primero a las partes más bajas de la tierra" (Ef. 4:9,10).

Mientras se encontraba en el paraíso, Cristo "proclamó" a los espíritus encarcelados: "Fue y predicó a los espíritus encarcelados" (I Pedro 3:19,20), aquellos que se encontraban en la sección de los tormentos en el infierno. No les llevó el Evangelio porque ya estaban perdidos en el infierno. La Biblia no indica qué es lo que les predicó.

Cuando Cristo se levantó de los muertos y subió al cielo, llevó consigo las almas piadosas del paraíso: "Subiendo a lo alto, llevó cautiva la cautividad, y dio dones a los hombres" (Ef. 4:8).

Ahora, en cambio, el paraíso está en el cielo, donde está Cristo. El infierno hoy es exclusivamente un lugar de tormento.

¿Cómo sabemos que el paraíso está en el cielo ahora? En II Corintios 12:1-4 el apóstol Pablo relata su propia experiencia cuando, siendo apedreado, hasta casi perder la vida, fue arrebatado hasta el tercer cielo. Llama a este tercer cielo el "paraíso". De modo que el paraíso está actualmente en el tercer cielo donde está Cristo.

Si en los tiempos del Antiguo Testamento era imposible pasar del paraíso a los tormentos y viceversa, a pesar de que ambos lugares estaban en el mismo sitio, *cuánto mayor será la imposibilidad* de pasar del infierno al cielo hoy en día. El cielo y el infierno se encuentran separados por distancias infinitas. Y, con todo, es una maravilla que el momento en que abandonamos el cuerpo al morir, estamos en la presencia del Señor. ¡El tiempo y el espacio no significan nada para Dios!

VIII. ¿Es Posible Comunicarse con las Almas de los Muertos?

En vista de que las almas de los muertos no andan rondando por los cementerios después de la muerte, y que, en cambio, parten inmediatamente ya sea al cielo o al infierno; y teniendo en cuenta que no cambian su destino ni regresan a la tierra, y que no tenemos ninguna

indicación escrituraria de que puedan comunicarse con nosotros ni nosotros con ellos, se desprende que no es posible establecer comunicación con los muertos.

¿Qué diremos, entonces, de aquellos que afirman que se comunican con los muertos? El aumento de los cultos conocidos como espiritistas es una señal de los últimos días, y la práctica de inquirir en lo oculto y los misterios del mundo de los espíritus se vuelve cada día más popular. ¿Es todo puro engaño? Por cierto que no. Pero no se comunican con los muertos. Luego, ¿con quién se comunican?

Es evidente que estamos rodeados por un mundo de espíritu y el Espíritu Santo está en la tierra en la actualidad. Los ángeles de Dios andan alrededor de los que le temen. Satanás es espíritu y anda de aquí para allá por la tierra. Los servidores de Satanás, los demonios, andan alrededor de vosotros con la intención de mantener a los hombres alejados de Dios y de tentar a quienes pertenecen a Dios.

Dios previene contra aquellos que trafican con el espiritismo. "Es abominación a Jehová cualquiera que hace estas cosas" (Deut. 18:10-12). Dios ordenó que los espiritistas fueran apedreados a muerte. En Apocalipsis 21:8 se nos informa que tendrán su lugar en el lago de fuego. De todo lo cual resulta claro que Dios no coopera con quienes procuran comunicarse con los espíritus. Esto incluye también a los ángeles que sirven a Dios. Las almas de los muertos no vuelven a la tierra. Procediendo por eliminación quedan sólo Satanás y sus demonios. El espiritismo es en realidad "demonismo".

La Biblia habla de "espíritus pitónicos" o familiares, o demonios, designados por Satanás para que se familiaricen con los hábitos, la manera de vivir, la voz, etc., de los seres humanos, y los tienten. Cuando un médium entrega su mente para que ésta sea controlada por un espíritu, el espíritu pitónico o familiar se hace cargo de ella (Is. 8:19,20). Este demonio puede contestar preguntas acerca de la vida de los muertos porque está familiarizado con ellos, y Satanás hace cualquier cosa con el fin de inducir a la gente a buscar su consejo.

Hay muchos médium falsos que engañan al público con mesas preparadas y con salas de sesiones, pero hay también médium genuinos que se comunican realmente con espíritus, pero con espíritus malignos.

Hay una tendencia moderna a despreciar las enseñanzas de la Biblia de los demonios. Sin embargo, Jesús habla acerca de endemoniados o posesos, que no deben confundirse con casos de locura o neurosis. En algunos países los misioneros tienen frecuentes roces con manifestaciones satánicas, y han presenciado la liberación de almas torturadas por demonios en casos en que aquéllas han acudido en busca de ayuda.

Aun en Norte América se manifiestan con frecuencia casos de posesión demoníaca. Una joven me relató su experiencia en el espiritismo. Se había criado entre gente que practicaba el ocultismo, y pronto descubrió que tenía la facultad de entrar en trance y de ser utilizada por los espíritus. Pronto comenzó a "predicar" en las reuniones espiritistas; entraba en trance y daba su sermón sin que tuviera la menor idea de lo que decía. Con el tiempo algunos amigos le contaron lo que predicaba, y le asombró el hecho de que citara versículos de las Escrituras que jamás había leído. Ni siquiera tenía una Biblia. Esto la intrigó a tal punto que compró una y buscó los versículos.

Así comenzaron los problemas. ¡Descubrió que no estaba predicando la verdad de lo que decían los versículos!

Siendo persona inclinada a la honestidad, procuró abandonar el culto y su participación en las reuniones; pero estaba demasiado comprometida como para poder librarse con facilidad. Comenzaron a ejercer presión por intermedio de amigos y dirigentes. Lo peor era que Satanás mismo no quería perder su discípulo y utilizó todas sus mañas para mantenerla entre sus garras. Se vio molestada por voces y manifestaciones de espíritus, y por un tiempo creyó que iba a perder la cabeza.

Pero Dios es más fuerte que Satanás, y gradualmente su Palabra comenzó a obrar la liberación. Por varios años estuvo envuelta en terrible confusión, hasta que por fin dio con quienes la podían guiar a Cristo. ¡Qué Salvador maravilloso es Jesús mi Señor! Sólo entonces encontró paz mental y espiritual, y sólo entonces el mundo de los espíritus la dejó en paz también.

¿Os sentís algo nerviosos al leer esto?

No hay por qué.

Antes de recibir a Jesucristo como nuestro Salvador personal, somos todos hijos del diablo, y hacemos las obras de nuestro padre (Juan 8:44). Pensamos como él y lo obedecemos, y algún día iremos con él al infierno.

Pero cuando aceptamos a Cristo, el Espíritu Santo mora en nuestro corazón, y se destruye el poder de Satanás. "El que en vosotros está, es mayor que el que está en el mundo" (I Juan 4:4). ¡No tenemos por qué temer a Satanás y sus demonios cuando Dios está a nuestro lado! Más maravilloso aún: "El ángel de Jehová acampa en derredor de los que le temen, y los defiende" (Sal. 34:7). ¡Qué poder puede tener Satanás cuando la mano de Dios nos protege! "Por el poder de Dios sois guardados" (I Pedro 1:3-7—V. M.).

CUESTIONARIO

1. ¿En qué forma es el hombre diferente de los animales? (I Tes. 5:23).

2. ¿Cómo sabemos que el cielo no es aquí en la tierra? (Juan 14:2).

3. ¿Cuándo va al cielo el creyente? (II Cor. 5:6,8).

4. ¿Dónde está el infierno ahora? (Prov. 15:24).

5. ¿Qué harán los creyentes en el cielo? (Apoc. 22:3,4).

6. ¿Cuándo será la primera resurrección? (I Tes. 4:13-17).

7. ¿Cuánto tiempo sufrirán las almas en el lago de fuego? (Mar. 9:43, 44; Apoc. 20:10).

8. ¿Dónde estaba el paraíso en la época del Antiguo Testamento? (Luc. 16:22).

9. ¿Cambian de destino las almas de los muertos después de la muerte? (Luc. 16:26).

10. ¿Adónde fue Cristo mientras su cuerpo estuvo en la tumba? (Hechos 2:25-31; Luc. 23:43).

11. ¿Cuándo fueron al cielo los santos del Antiguo Testamento? (Ef. 4:8).

12. ¿Dónde está el paraíso ahora? (II Cor. 12:1-4).

13. ¿Aprueba Dios el espiritismo? (Deut. 18:10-12).

14. ¿Pueden los médiums espiritistas comunicarse con los espíritus? (Is. 8:19,20).

15. ¿Cómo sabemos que la historia del rico y Lázaro no es una parábola? (Luc. 16:20).

16. ¿Qué clase de cuerpo será el cuerpo de la resurección? (I Cor. 15:44).

17. ¿Cuál será el destino final de los espiritistas? (Apoc. 21:8).

18. ¿De quiénes se dice que "duermen en Cristo"? (I Cor. 15:18; I Tes. 4:13,14).

19. ¿Duerme el alma después de la muerte? (Luc. 16:23).

20. ¿Estará en el centro de la nueva tierra el lago de fuego? (II Pedro 3:13).

8

LA ORACION

LA REPETICION DE ORACIONES es uno de los ritos religiosos más generalizados en todas las naciones y en todas las épocas. En el corazón humano parece haber un anhelo inherente de obtener la ayuda de algún ser superior. Desde la jungla hasta las montañas y las islas de los mares llegan las voces de plegarias en muchas lenguas. Lo triste de todo ello es que son muy pocos los que saben lo que dice Dios acerca de la oración, y el rito se ha transformado en poco más que una fórmula supersticiosa para alejar el mal o conseguir ayuda.

Viajando por la China, nos encontramos con una pequeña viejecita que ascendía una pronunciada escalinata en la ladera de una montaña que conducía a un templo pagano. Cuando le hablamos se detuvo, cansada y dolorida, a secarse la frente, porque subía los gastados escalones de rodillas.

"Voy al templo a orar y a encontrar paz para mi corazón", contestó con desaliento.

"¿Por qué sube de rodillas? El camino es largo y arduo".

"¡Ah! Tantas veces he estado allí antes, y he vuelto con el corazón vacío. ¡Quizá esta vez los dioses sonrían porque vengo con más humildad!"

En las Filipinas interrogué a una mujer que pasaba largas horas en devotas oraciones.

"¿Qué es lo que pesa tanto sobre su corazón que la hace orar con tanta frecuencia y tan largamente?"

"Debo repetir estas oraciones tantas veces porque no doné a la iglesia una proporción del precio de venta de mi cerdo la semana pasada. Digo estas oraciones como penitencia".

En California un hombre me dijo, "Todas las noches digo una oración antes de acostarme, para el caso de que me ocurra algo durante la noche".

En la zona de Chicago un matrimonio joven insistía en que eran creyentes, "porque—me dijeron—todas nuestras oraciones nos son contestadas. Todo lo que pedimos en oración lo recibimos. Somos el matrimonio más afortunado que existe. ¡No nos cabe la menor duda de que Dios está con nosotros!"

Mas, ¿qué es lo que dice Dios acerca de la oración?

La oración no consiste sencillamente en conseguir algo o evitar alguna cosa, o en hacer penitencia por algo, o en aliviar la conciencia. La oración es el más grande privilegio de la humanidad, mediante la cual puede intimar con Dios. Le hablamos a él y él nos habla a nosotros. Se asemeja a una línea telefónica en ambos sentidos comunicada con la gloria. Con demasiada frecuencia consideramos a la oración como si fuese una línea en un solo sentido, en el que podemos hablar y hablar, o pedir y pedir, sin esperar para escuchar, ni interesarnos en lo que Dios tiene para decirnos. Hacemos apresuradamente una larga lista de pedidos, y luego interrumpimos bruscamente sin darle tiempo a Dios para que nos diga lo que espera de nosotros. No hay nada tan desalentador como tener que hablar en un teléfono de un solo sentido y no tener seguridad de que haya alguno escuchando en el otro extremo. O tener que escuchar y escuchar, y no tener forma de decir una sola palabra en contestación.

¿Habéis pensado que cuando oramos mostramos nuestro amor a Dios y proporcionamos gozo a su corazón? "Ruégoos empero, hermanos, *por el Señor nuestro Jesucristo, y por la caridad del Espíritu, que me ayudéis con oraciones*" (Rom. 15:30).

Antes de que podamos recibir respuestas de Dios, y antes de que podamos llegar a su trono de gracia, es necesario que sepamos lo que dice Dios acerca de la oración.

I. ¿A Quién Debemos Orar?

Con el fin de estar seguros de que Dios nos ha de oír, debemos tomar su Palabra como guía. Muchas personas hacen sus oraciones, sin tener la menor idea de lo que dice Dios sobre el asunto, y luego se sorprenden y se desalientan porque no reciben contestación.

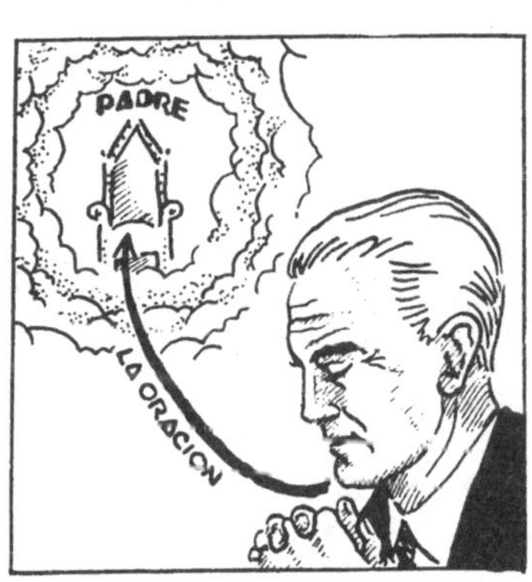

A. SE NOS MANDA QUE OREMOS A DIOS EN EL CIELO (Mat. 6:9; I Cor. 1:2; Hechos 12:5). En estos versículos se nos dice que debemos orar a Dios Padre y a Dios Hijo. No hay ninguna indicación en la Biblia de que persona alguna que no sea Dios mismo puede oír nuestras oraciones. Debemos acercarnos "confiadamente al trono de la gracia, para alcanzar misericordia y hallar gracia para el oportuno socorro" (Heb. 4:16).

Tomemos el teléfono para representar la oración como medio para llegar directamente a Dios. Podría ser que alguien preguntase, "¿No sería ventajoso para nosotros orar a otros también en el cielo, para asegurarnos de que nuestro pedido llegue a Dios? Ya que los santos en la gloria están tan cerca de Dios, ¿no tendrán alguna influencia ante él? ¿No será este el caso de los apóstoles, o de María? ¿No podríamos orar a ellos para que ellos a su vez oren en nombre nuestro, ya que hay ventaja en orar unos por otros?"

Cierto es que Dios dice que debemos orar los unos por los otros (Sant. 5:16). Pero el problema de orar a los santos en el cielo es que no tenemos indicación escritural de que puedan oír nuestras oraciones. Si María y Pedro estuvieran en la tierra, naturalmente que sería motivo de gozo poder compartir con ellos nuestras cargas, y celebrar reuniones de oración con ellos; precisamente la última noticia que tenemos de María en la Biblia es la de que se encontraba en una reunión de oración (Hech. 1:14). Pero nadie oraba *a ella*.

Siendo que los santos en el cielo no están deificados, y siendo que se nos instruye que oremos directamente a Dios, lo insultamos cuando tratamos de llegar a él por un camino indirecto. Demuestra falta de fe por parte nuestra, y tal actitud es pecado.

"¿No tienen, acaso, los que ya están en el cielo más influencia que nosotros ante Dios? ¡De seguro que María debe ser más accesible y tiene más poder ante Cristo que nosotros!"

Veamos lo que dice Cristo. En Mateo 12:46-50 tenemos una afirmación de Cristo mismo, con relación a su parentela humana: "Todo aquel que hiciere la voluntad de mi Padre que está en los cielos, ese es mi hermano, y hermana, y madre".

Véase luego Juan 2:4,5. Aquí María le sugiere a Cristo lo que debiera hacer, pero él no resuelve la situación de inmediato. Ella no se ofende porque se da cuenta que él tiene razón, y que su poder sobre él como hijo suyo termina: él adopta su posición de Hijo de Dios. Entonces ella da su única orden, "Haced todo lo que os dijere" (Juan 2:5).

En otras palabras, aun cuando Cristo estaba en la tierra, María no estaba más cerca de él, ni tenía más influencia ante él, que quienes le obedecían. Lo mismo ocurre hoy. Quienes hacen la voluntad de Dios están tan cerca de él, y tienen tanta influencia ante él, como cualquiera en el cielo. ¡Después de todo, si Cristo vive en mi corazón, no puede estar mucho más cerca!

"Si oro a Dios, ¿no puedo también orar a los santos al mismo tiempo, para asegurarme?" Desobedecer a Dios no asegura en manera alguna que la oración será contestada. Es pecado. Vosotros sabéis como yo, que el camino más corto entre dos puntos es una línea recta. Así también, el camino más corto y seguro a Dios es directamente *a él*, y no por algún camino indirecto, que significa desobediencia. Tomad la Biblia sola como guía, para que la oración sea contestada.

B. SE NOS MANDA QUE OREMOS EN EL NOMBRE DEL SEÑOR JESUS (Juan 14:13,14; 15:16; 16:23; I Cor. 1:2). ¿Pero qué significa orar en el nombre del Señor Jesús? ¿Quiere decir que debemos terminar cada oración con esas palabras precisas? Es bueno terminar nuestras oraciones diciendo, "Te lo pedimos en el nombre del Señor Jesús"; pero ese no es de ninguna manera el significado de esta frase.

Suponed que fueseis a un banco en el que no tuvierais cuenta, y trataseis de cobrar un cheque por $ 1.000,00.

El cajero consultaría el registro de firmas y finalmente diría, "Lo lamento; usted no tiene cuenta en este banco".

Esto me ocurrió a mí, precisamente, en una ciudad desconocida para mí. Necesitaba dinero para la reparación del auto, pero nadie quería cambiar mi cheque. Por fin un gerente de banco me preguntó, "¿Conoce a alguno en la ciudad que tenga cuenta con nosotros?" Recordé a un pastor en cuya iglesia había hablado algunas semanas antes. Le hablaron por teléfono, y él endosó mi cheque. ¡Apenas hubo firmado, recibí el dinero!

Cuando llegamos al banco del cielo descubrimos que necesitamos que alguien firme nuestro cheque. ¡No tenemos cuenta allí! Dios no contesta, porque vengo en *mi nombre* y pido para *mi gloria*. Con todo, si Cristo "endosa" el pedido, significa que él aprueba, y recibiré la contestación. Naturalmente él tiene cuenta en el banco del cielo.

El "teléfono" que empleamos para nuestra oración tiene un poste que sostiene el hilo que lleva el mensaje al trono en el cielo. Representemos a este poste por el "único Mediador entre Dios y los hombres, Jesucristo hombre; el cual se dio a sí mismo en precio de rescate por todos" (I Tim. 2:5,6). Mediante su sacrificio en el Calvario tenemos un Mediador que vive siempre para interceder por nosotros (Heb. 7:25). Este Mediador no es una mujer, "la virgen María", ni el hombre Pedro, por cuanto sólo Cristo murió por nuestros pecados.

Se nos manda que oremos en el nombre de Jesús y nada más. No necesitamos otros para que rueguen a favor nuestro. El está *en nosotros* y *con nosotros* y es *por nosotros*, si le hemos recibido como nuestro Salvador. ¡No es posible estar más cerca!

C. SE NOS MANDA QUE OREMOS CON LA AYUDA DEL ESPIRITU SANTO (Rom. 8:26,27). "Asimismo también el Espíritu ayuda nuestra flaqueza: porque qué hemos de pedir como conviene, no lo sabemos; sino que el mismo Espíritu pide por nosotros... conforme a la voluntad de Dios, demanda por los santos". No dice, "demanda *a los santos*". Hemos de orar "en el Espíritu" (Ef. 6:18).

Ahora bien; antes de recibir a Cristo como Salvador, pertenecemos a nuestro padre el diablo. No tenemos acceso a Dios. Pero cuando recibimos a Cristo como Salvador, el Espíritu Santo entra en nuestro corazón y pertenecemos a Dios. En otras palabras, cuando los creyentes oran, Dios Padre, Dios Hijo, y Dios Espíritu Santo—todos obran con y por nosotros. ¡No es por nada que la oración es tan importante! ¡Es el privilegio más grande en el mundo!

II. ¿Quiénes Pueden Orar?

Esta pregunta está casi contestada ya. En Lucas 18: 10-14 tenemos el relato de dos hombres que fueron a orar. Ambos eran pecadores, si bien uno de ellos no pensaba que lo fuese. Uno admitió su pecado y lo confesó, y fue justificado. El otro oró *consigo mismo*; su oración nunca llegó a Dios.

Hay una sola oración que Dios escucha de labios del pecador, y es ésta: "Dios, sé propicio a mí pecador". Cuando emana de nosotros esa oración con sinceridad, Dios quita el pecado y pertenecemos a él. Esto se aplica tanto a los inconversos como a los creyentes. "Si en mi corazón hubiese yo mirado a la iniquidad, el Señor no me oyera" (Sal. 66:18). No dice, "Si peco realmente". El solo hecho de condonar el pecado, de no censurarlo en lo profundo de nuestro corazón, anula nuestro poder en la oración. ¡Dios conoce nuestros pensamientos desde lejos!

Los inconversos no pueden orar, excepto en busca de perdón y salvación.

Pero me parece oír a alguien decir, "Yo sé que Dios ha contestado mis oraciones, aunque no he sido 'salvado' como dicen ustedes. ¡Siempre consigo lo que quiero!"

La Biblia responde a este razonamiento. La lluvia desciende sobre los justos y sobre los injustos. Dios concede el bien tanto a malos como a buenos. "Su benignidad te guía a arrepentimiento" (Rom. 2:4). Dios permite que le sucedan cosas buenas a los no salvos, con el fin de que se vuelvan a Dios con gratitud. Los inconversos consiguen, posiblemente, lo que quieren, pero *no en contestación a la oración*. Dios afirma que no lo es. Se trata sencillamente de las circunstancias. Con el cristiano no existe la *suerte* o la *casualidad*; todo es *providencia*. "A los que a Dios aman, todas las cosas les ayudan a bien" (Rom. 8:28).

Pero este asunto de quiénes puedan orar tiene otro aspecto todavía.

El "servicio telefónico" al cielo se conecta cuando aceptamos a Cristo como nuestro Salvador. Pero a veces la línea se descompone. Hay algo que siempre ha de impedir que nuestras oraciones lleguen al oído de Dios— *el pecado.*

Tenemos un amigo que trabaja en una empresa telefónica y es, por otra parte, un fiel creyente. Un día estaba revisando una línea rural, y no podía encontrar la falla por más que buscaba. Ya estaba a punto de regresar a la oficina para informar, cuando miró de casualidad hacia arriba y vio algo que colgaba entre dos hilos. Detuvo el camión, subió al poste, y encontró que algún muchacho había estado jugando con una culebra muerta, y

que, al tirarla hacia arriba, había provocado el cruce de los hilos. La culebra estaba produciendo un corto circuito en la línea.

Como era su costumbre, nuestro amigo buscó una lección, "¿Acaso no es exactamente así nuestro enemigo, la serpiente antigua, el diablo? Nos hace pecar, y se produce un corto circuito en la línea telefónica de la oración".

Esa es la razón por la cual los pecadores no pueden orar, y esa es la razón por la cual el creyente con pecado no confesado en su vida no puede orar. ¡El teléfono está descompuesto!

El inconverso y el creyente descarriado tienen una cosa en común—que sus oraciones no son contestadas. "Vuestras iniquidades han hecho división entre vosotros y vuestro Dios, y vuestros pecados han hecho ocultar su rostro de vosotros para no oír" (Is. 59:2).

III. Impedimentos a la Oración

El pecado se presenta en muchas formas.

A. LA INCREDULIDAD IMPIDE QUE LA ORACION SEA CONTESTADA. "Sin fe es imposible agradar a Dios; porque es menester que el que a Dios se allega, crea que le hay, y que es galardonador de los que le buscan" (Heb. 11:6). Para Dios nada es imposible. No podemos esperar que Dios conteste nuestra oración si no creemos realmente que sea un Dios todopoderoso, y que puede contestar. Dios siempre contesta la oración que llega a su oído; algunas veces la contestación es "Sí"; otras, "Ahora no"; otras, "Va algo mejor"; pero siempre habrá una contestación. Con frecuencia nos presentamos a Dios con nuestros pedidos, pero en lo profundo de nuestro corazón no creemos realmente que Dios pueda hacerlo. ¿Alguna vez habéis orado, "Señor, salva a mi esposo... aunque francamente no tiene remedio, Señor"? Limitamos a Dios con nuestra incredulidad. Dios dice: "Pero pida en fe, no dudando nada... no piense pues el tal hombre que recibirá ninguna cosa del Señor" (Sant. 1: 6,7). Dudar en la oración significa estar indeciso, flaquear, no creer, no estar seguro de lo que queremos.

Recuerdo con claridad una ocasión en las Filipinas, cuando mi esposo estaba de viaje y yo quedé a cargo de una campaña evangelística en un pueblo con espíritu muy antagónico. Se levantó de repente un tifón que amenazaba con inundar el sitio donde teníamos instalada la carpa. La gente indiferente del pueblo movía la cabeza y decía, "Cada vez que tenemos un tifón el río se desborda, y en el lugar donde ustedes tienen la carpa el agua llega a los dos metros".

¿Podía Dios detener un tifón? Nunca he oído que un tifón cesara en menos de cuatro a siete días. Oré apresuradamente, pero con un ojo sobre el río hinchado, y la mente llena de planes y temores; yo sabía que el tifón no habría de aminorar.

Llamando a los creyentes, pusimos manos a la obra y aseguramos la carpa, amontonamos el equipo sobre los bancos, ajustamos las cuerdas, y agregamos más estacas. Mientras trabajábamos a toda prisa, el río comenzaba a desbordar, y la lluvia a caer a cántaros. Las ráfagas de viento eran tremendas.

Cuando habíamos hecho todo lo que se me ocurría que podíamos hacer, nos reunimos para orar. ¡Así somos los humanos! Buscamos a Dios como último recurso en lugar de confiar en él primero. Mientras orábamos me preguntaba: "¿Podrá Dios detener un tifón?" Mentalmente sabía que *sí podía*, pero *¿lo haría?*

Al principio oraba sin fe Luego dejé de cavilar, y oré diciendo, "Señor, esta es tu obra, y tu testimonio, y tu equipo. Hazte cargo, Señor. Hágase tu voluntad. ¡Tú lo puedes!"

Tal era la sinceridad, que me olvidé de la lluvia, de la inundación inminente, y de la lona de la carpa que batía en el viento y forzaba las cuerdas.

Poco después nuestras oraciones cesaron de repente y escuchamos asombrados. El viento había cesado. La lluvia había dejado de batir contra la lona. Miramos hacia afuera y vimos que las nubes bajas se desparramaban y que ya aparecía el cielo azul. ¡La tormenta había pasado! No hubo más lluvia; el río volvió a su cauce.

¡Cómo tuvimos que trabajar para preparar el equipo, y colocar los bancos en orden otra vez para la reunión de esa noche! ¡Lo teníamos merecido!

B.   UN MOTIVO EQUIVOCADO OBSTACULIZA LA ORACION. "Pedís, y no recibís, porque pedís mal, para gastar en vuestros deleites" (Sant. 4:3). Queremos exigirle algo a Dios, sin tener en cuenta si es su voluntad o no. No queremos que nos dé lo mejor; queremos que se haga conforme a nuestra voluntad, así como el niño grita pidiendo jugar con un cuchillo. Algunas veces Dios contesta tales oraciones con disciplina. ¡Nos "cortamos los dedos!" "Y él les dio lo que pidieron; mas envió flaqueza en sus almas" (Sal. 106:15).

Cuánto mejor sería que cuando oramos, buscáramos la voluntad de Dios. "Y esta es la confianza que tenemos en él, que si demandáremos alguna cosa conforme a su voluntad, él nos oye" (I Juan 5:14). En lugar de decirle a Dios qué hacer, evitaremos el sentirnos defraudados si exponemos el asunto ante él y confiamos en que él nos dará la contestación adecuada.

Una madre tenía un hijito al que amaba tiernamente. Era un niño hermoso, y la madre se turbó grandemente cuando se enfermó de gravedad. Se oró mucho a favor del niño, pero la madre oraba exigiendo con firmeza—"¡Señor, que viva! ¡No te lo lleves!"

Dios contestó su oración. El muchacho vivió. Pero por varios años vivió incapacitado en cama, sin poder sentarse, ni hablar, ni comer solo.

Se enfermó nuevamente. Esta vez la madre oró con otro espíritu: "¡Señor, hágase tu voluntad! Si quieres llevar a nuestro hijo al cielo, llévalo!" Dios lo llevó a estar con él.

"Encomienda a Jehová tu camino, y espera en él; y él hará" (Sal. 37:5).

C. EL NO LEER NI OBEDECER LA PALABRA DE DIOS OBSTACULIZA LA ORACION. "El que aparta su oído para no oír la ley, su oración también es abominable" (Prov. 28:9). "La ley" se refiere a la Palabra de Dios y a su voluntad. ¡Cuántas personas oran y no leen la Biblia! A menos que dediquemos tiempo a leer el Libro de Dios cada día, y obedezcamos lo que nos manda, nuestras oraciones no agradarán a Dios. Le son repulsivas—¡abominación!

Un joven vino a verme muy consternado. "¡He perdido toda confianza en la oración! Oré y oré para que mi madre no se muriese—¡y murió!"

Yo conocía al mozo bastante bien, y sabía que por algunos años no había seguido fielmente al Señor, de modo que cabía una sola respuesta: "Juan, no se trata de que Dios no hubiera podido contestar tu oración, sino de que no podía contestarte porque no estabas en comunión con él".

En otra ocasión un padre rogaba a Dios que preservara la vida de su hijo.

"¡Me da la impresión de que el cielo fuera como de bronce sobre mi cabeza!" exclamó. "¡Dios no me oye!"

"¿Hay alguna razón por qué él no lo escuche?" le pregunté.

"Bueno", dijo bajando la cabeza, "hace mucho que no voy a las reuniones y que no leo la Biblia, y he descuidado la oración; debe ser que estoy algo descarriado".

"En ese caso tendrá que comenzar por orar por usted mismo, antes de que pueda orar por su hijo".

Ese mismo día aquel hijo pródigo volvió a su Padre, y Dios escuchó su oración. El pequeño se restableció.

D. LA REPETICION HUECA DE PALABRAS OBSTACULIZA LA ORACION. "La oración del justo, obrando eficazmente, puede mucho" (Sant. 5:16). "Todo lo que orando pidiereis, creed que lo recibiréis, y os vendrá" (Mar. 11:24). Lo que obra la contestación es el anhelo ferviente y el motivo de la oración, y no las muchas palabras. La oración eficaz nunca repite palabras huecas. "Y orando, no uséis de vanas repeticiones, como los gentiles; porque ellos piensan que por mucho hablar serán oídos" (Mat. 6:7—V. M.).

Vanas repeticiones significa la mera repetición de palabras. Cualquier palabra que digamos sin pensar seriamente en lo que decimos es vana repetición.

En el Tibet creen haber resuelto los problemas de la oración en forma práctica. Tienen una sola oración, que consiste en el nombre del Buda, "Tú, Joya del Loto". Repiten esta frase innumerables veces, y piensan que obtendrán mérito en proporción al número de veces que la repitan. Con el fin de simplificar el procedimiento, escriben el nombre sobre ruedas que hacen girar con la mano, o colocándolas en caídas de agua; en esa forma sus oraciones continúan cuando ellos están ocupados en otras tareas. Hasta colocan el nombre del Buda en banderas, de modo que al flamear en el viento las mismas sigan "orando" por ellos. Además, por un precio módico pueden conseguir alguna persona que les haga girar la rueda de la oración.

Decís, "¡Qué ridiculez!" Y sin embargo, hay gente entre nosotros que acostumbra repetir oraciones que no aprovechan en absoluto. Nuestro Padre celestial busca conversar de corazón a corazón con sus hijos, y no quiere que repitamos o aprendamos de memoria palabras que han sido escritas por otros.

Repetir el nombre de Dios o el nombre de cualquier otro, vez tras vez, o hacer la misma petición repetidamente, no es meritorio ante Dios. La oración sincera es la oración con un deseo. Es menester orar sobre lo que hay en el corazón. Orad de la misma manera en que habláis a un padre amante o a un amigo.

Aun los creyentes hacen vanas repeticiones cuando oran descuidadamente. La misma oración espontánea puede tornarse en una repetición hueca de palabras si no pensamos en lo que decimos. Al dar gracias en la mesa las palabras pueden tornarse huecas a menos que concentremos nuestra atención sobre lo que decimos. Dios no escucha lo que se torna formal o ceremonioso. Las oraciones con las frases mejor logradas en la reunión de oración pueden no significar nada ante Dios, si nos preocupa más lo que piensa la gente que lo que piensa Dios acerca de ellas.

Durante una reunión de oración cierta noche en una pequeña iglesia rural, impresionó a la congregación la oración elocuente y hermosamente expresada de un visitante. Después de la reunión un miembro atento le estrechó la mano y le dijo, "Me gustó mucho su magnífica oración esta noche". La contestación del hombre le sorprendió.

"¡Oh, esto no es nada! Si me oyera en otras ocasiones. ¡Ahora estoy fuera de práctica!"

E. FALTA DE ARMONIA EN EL HOGAR CRISTIANO OBSTACULIZA LA ORACION. "Vosotros maridos, semejantemente, habitad con ellas (vuestras esposas) según ciencia, dando honor a la mujer como a vaso más frágil, y como a herederas juntamente de la gracia de la vida; para que vuestras oraciones no sean impedidas" (I Pedro 3:7). Los hogares cristianos deben ser hogares armoniosos. Las rencillas malogran la oración; debemos vivir juntos en armonía. Es cierto que en hogares en que sólo uno de los miembros es creyente, a veces resulta difícil mantener la paz. En esos casos el cristiano debe asegurarse de que la fricción no sea culpa suya, y tendrá que vivir tanto más santamente con el fin de ganar a la parte inconversa. ¡Cuánto necesitamos todos la ayuda de Dios en estos días, para que nuestra vida de hogar sea consecuente ante nuestros seres amados y nuestros niños! Nadie debe arriesgarse a vivir una vida sin oración.

F. UN ESPIRITU NO PERDONADOR OBSTACULIZA LA ORACION. "Y cuando estuviereis orando, perdonad, si tenéis algo contra alguno... Porque si vosotros no perdonareis, tampoco vuestro Padre que está en los cielos os perdonará vuestras ofensas" (Mar. 11:25,26). Un espíritu no perdonador es pecado. ¿Cómo podemos esperar que Dios nos perdone nuestros pecados si nosotros queremos aferrarnos a él? Además, si sabemos que alguien tiene algo contra nosotros, debemos hacer las paces con tal persona, y luego acercarnos a rendir culto y servir a Dios (Mat. 5:23,24).

IV. No Orar es Pecado

A los cristianos se les manda que oren. "Orad sin cesar" (I Tes. 5:17). "Es necesario orar siempre, y no desmayar" (Luc. 18:1). No se trata de una blanda sugerencia, sino de un mandamiento. El profeta Samuel dijo: "Lejos sea de mí que peque yo contra Jehová cesando de rogar por vosotros" (I Sam. 12:23). No orar es pecado. ¡Cuánta bendición y ayuda pierden los cristianos porque no se valen del maravilloso poder que Dios concede en la oración! "No tenéis lo que deseáis, porque no pedís" (Sant. 4:2). ¿Vivimos cometiendo este pecado de no orar? ¿Nos reunimos en familia alrededor de la Palabra de Dios cada día? ¿Apartamos tiempo para leer y orar a solas con Dios cada día? ¿Concurrimos con fidelidad a la reunión de oración? ¿Por qué no? ¿No creemos, por ventura, en la oración?

V.　¿Deben los Cristianos Usar la Oración del Señor?

La oración de Mateo 6:9-13 es en realidad un ejemplo de oración que Jesús dio a sus discípulos. La oración del Señor se encuentra en Juan 17. Nunca encontramos a nadie en las Escrituras que repita oraciones; la oración en Mateo 6 en un modelo. Fue dado originalmente para los seguidores judíos de Cristo, y la referencia al reino de Cristo, cuando él sea Rey sobre la tierra e Israel sea una vez más el pueblo elegido en cumplimiento de las promesas dadas a Abraham. Desde luego, los creyentes pueden usar esta oración si lo hacen conscientemente, y si ella es expresión fiel de lo que quieren decir. Pero si no es la oración de nuestro corazón, no se obtiene beneficio alguno con repetirla. Desde luego que no hay ventaja alguna en repetirla vez tras vez. No es por el mucho hablar que seremos oídos.

Y sin embargo, en iglesias por todo el mundo hay congregaciones que repiten estas palabras vez tras vez, algunas veces para obtener mérito, o como parte del ritual, o como penitencia, o simplemente por superstición, y en ningún momento se dan cuenta de lo que realmente significa.

Analicémosla.

A. "PADRE NUESTRO QUE ESTAS EN EL CIELO". En primer lugar, Dios no es nuestro Padre mientras no hayamos nacido en su familia por fe en Cristo. De modo que si jamás hemos nacido de arriba, estamos malgastando el tiempo. ¡Vana repetición!

B. "SANTIFICADO SEA TU NOMBRE". ¿Cómo puede alguien ofrecer santidad al nombre de Dios cuando nuestra propia vida no es santa? A menos que vivamos en santidad o en comunión con Dios estamos repitiendo palabras huecas.

C. "VENGA TU REINO". El reino de Cristo es la Epoca del Reino, cuando Cristo vendrá a reinar sobre la tierra. Hay algo que apresura ese día, y ese algo es el ganar almas. Cuando la última alma que Dios ha ordenado para la salvación haya sido salvada vendrá Cristo. Si no hacemos nada para ganar almas, estas palabras son vana repetición.

D. "SEA HECHA TU VOLUNTAD, COMO EN EL CIELO, ASI TAMBIEN EN LA TIERRA". No podemos orar de esta manera con honestidad, a menos que estemos haciendo la voluntad de Dios en nuestra propia vida.

E. "DANOS HOY NUESTRO PAN COTIDIANO". ¡Por fin tenemos aquí una petición segura! ¡Todos necesitamos pan! ¡Pero la Palabra de Dios dice: "No con sólo pan vivirá el hombre, mas con toda palabra que sale de la boca de Dios". De modo que aun aquí hay significado espiritual. ¡Cuando descuidamos la Palabra de Dios, no podemos usar esta oración!

F. "Y PERDONANOS NUESTRAS DEUDAS, COMO TAMBIEN NOSOTROS PERDONAMOS A NUESTROS DEUDORES". Un espíritu que no perdona es pecado, de modo que Dios no puede perdonarnos mientras nosotros queramos guardar nuestro pecado.

G. "Y NO NOS METAS EN TENTACION, MAS LIBRANOS DEL MAL". Muchas veces no hacemos nada por evitar la tentación, y sin embargo le pedimos a Dios que haga un milagro particular para nosotros y nos libre de la tentación y del mal. Con frecuencia podemos contestar nuestra oración rindiéndonos a la voluntad de Dios, y no vale la pena orar con estas palabras si realmente no queremos hacer su voluntad.

H. "PORQUE TUYO ES EL REINO, Y EL PODER, Y LA GLORIA, POR TODOS LOS SIGLOS. AMEN". El atribuirle gloria a Dios por todos los siglos debe comenzar aquí mismo, en la tierra, viviendo para su gloria en todo lo que hagamos (I Cor. 10:31). No vale la pena orar que tenga él gloria por toda la eternidad si no vivimos para su gloria desde ya. ¡Vana repetición!

Sí; el creyente puede efectivamente valerse de esta oración, pero debe asegurar de que sabe lo que dice; de otra manera estará haciendo vanas repeticiones a igual que los paganos o gentiles.

¡Qué maravilloso es que Dios conteste con tanta frecuencia nuestra oración, aun cuando somos tan indignos! La bondad de Dios es demasiado grande para que la entendamos cabalmente.

Una dama estaba muy preocupada por su esposo inconverso. Todos orábamos por él, a pesar de que parecía ser tan duro e indiferente y tan adicto a la bebida. Recuerdo el día que ella me miró fijamente a la cara y me preguntó, "¿Le parece que Dios me va a contestar?"

"¿Le parece a usted que puede contestarle?" le pregunté.

"Sí, supongo que sí", me dijo titubeando; "pero, ¿cómo he de saber si es la voluntad de Dios que mi esposo sea salvo?"

"Su problema no es el de saber si Dios quiere salvarlo o no; su obligación es orar con fe, creyendo que Dios *puede* salvar si es su voluntad, y lo demás déjelo en sus manos".

Durante las semanas que siguieron a esta conversación, se presentó la oportunidad de explicarle al hombre el camino de salvación pero, aunque escuchó cortesmente, no mostró deseos de creer.

Una noche se dirigió a su esposa y le preguntó, "¿Eres tú una de esas personas que se dicen 'salvas'?"

Con timidez ella contestó, "Sí, lo soy".

Entonces él dijo, refunfuñando, "Me parecía".

Salió de la casa poco después para encaminarse al bar a devolver las botellas vacías y a comprar más, como lo hacía todas las semanas.

He aquí, en sus propias palabras, cómo me contó la señora lo que ocurrió. "Cuando volvió a casa, no traía ninguna botella de cerveza. En cambio traía bajo el brazo una lata de jugo de tomates. ¿Le parece que Dios está por contestar ahora nuestras oraciones de que sea salvo?"

No pude menos que sonreír. "Sólo Dios y su esposo

pueden decir si será salvo o no. Pero nosotros debemos seguir orando y testificando".

Cuando volví a visitar la casa e invité al esposo a concurrir a mis clases bíblicas, contestó que lo haría. Vino y siguió viniendo.

Algunas semanas más tarde lo detuve después de una reunión de la noche y le pregunté, "¿cuándo piensa recibir a Cristo Jesús como su Salvador personal? Es cierto que ha dejado de beber, pero no será salvo mientras no acepte al Salvador".

"Lo sé", me contestó; "pero quiero mejorar mi vida antes de decir que me haré cristiano".

"¿Le parece que puede limpiar su vida mejor de lo que lo haría Cristo?" le pregunté. "Después de todo, eso es precisamente lo que él quiere hacer por usted".

Esa noche, mientras su esposa y otros amigos creyentes esperaban ansiosos, entregó su vida a Cristo, quien

sólo puede hacer que nuestra vidas sean aceptables a Dios. Vino a Jesús "tal cual era", con su pecado y todo.

Así comenzó una vida de sólo dos años de testificar para su Señor, antes de que partiera a la gloria. Pero ninguno de sus compañeros de trabajo o sus amigos podía argumentar que no hubiese oído el camino de la salvación; lo escucharon de este testimonio viviente, que era una contestación a la oración.

Dios puede contestar la oración. ¿Por qué no le damos la oportunidad de demostrarlo?

CUESTIONARIO

1. ¿Por amor de quién, o en nombre de quién oramos? (Rom. 15:30).

2. ¿A quién debemos orar? (Mat. 6:9; I Cor. 1:2).

3. ¿Hay razón para titubear al acercarnos a Dios? (Heb. 4:16).

4. ¿Tiene María más influencia que nosotros ante Dios? (Mat. 12:50).

5. ¿Cuál es el único mandato de María? (Juan 2:5).

6. ¿Quién es nuestro Mediador en la oración? (Juan 14:13,14; I Tim. 2:5).

7. ¿Quién nos ayuda a orar? (Rom. 8:26,27).

8. ¿Pueden los inconversos recibir contestación a la oración por cosas materiales? (Sal. 66:18).

9. ¿Ayudan a bien todas las cosas a todo el mundo? (Rom. 8:28).

10. ¿Qué cosa produce "corto circuito" en nuestra oración? (Is. 59:1,2).

11. ¿Contesta Dios la oración hecha con indecisión o incredulidad? (Sant. 1:6,7).

12. ¿Hemos de recibir siempre que pidamos? (Sant. 4:3).

13. ¿Podemos orar cuando no nos tomamos la molestia de leer la Biblia? (Prov. 28:9).

14. ¿Ayuda a obtener contestaciones el repetir oraciones? (Mat. 6:7).

15.   ¿Cuáles son los dos requisitos que se mencionan en Santiago 5:16 para que la oración sea contestada?
16.   ¿Pueden los creyentes recibir contestación a sus oraciones, aun cuando no anden bien en el hogar? (I Pedro 3:7).
17.   ¿Nos concierne a nosotros si alguna persona tiene algo contra nosotros, pero nosotros no tenemos nada contra ella? (Mat. 5:23,24).
18.   ¿Cuál es una de las principales razones por las cuales no recibimos más contestaciones a nuestras oraciones? (Sant. 4:2).
19.   ¿Quiénes pueden emplear la oración del Señor? (Mat. 6:9).
20.   ¿Podemos elegir si hemos de orar o no? (Luc. 18:1).

9

LA SANTIFICACION

LA PALABRA *santificar* no es ni mística ni difícil, como algunos parecen suponer. Significa sencillamente "colocar aparte", o "separar". El significado bíblico primario de la palabra es el de "separar de Satanás y del pecado para Dios".

En el Antiguo Testamento Dios en la tierra moraba en el tabernáculo y en el templo, y se decía que éstos eran "santificados a Jehová". "Pues que ahora he elegido y santificado esta casa, para que esté en ella mi nombre para siempre" (II Crón. 7:16).

Pero durante los días del Nuevo Testamento y posteriormente, Dios mora en el corazón del creyente. "El Altísimo no habita en templos hechos de mano" (Hech. 7: 48). "Sois templo de Dios" (I Cor. 3:16).

I. ¿Por Qué es Necesario que Seamos Santificados?

Porque la humanidad es pecadora y, como pecadores entregados en manos del diablo, estamos "apartados" para el pecado. Si hemos de ver a Dios y morar con él para siempre, debemos pertenecer a él, para lo cual debemos "ser apartados" para Dios. Mientras no seamos salvos, Satanás mora en nosotros, somos su templo. Cuando somos salvos, Dios mora en nosotros, y nos constituimos en templo suyo, santo y puro.

II. ¿Cuándo es Santificada una Persona?

La santificación puede considerarse desde el *pasado*, el *presente* y el *futuro*; o como *instantánea, continua* y *completa*.

A. SANTIFICACION INSTANTANEA—SALVADO DE LA PENA DEL PECADO.

"Ya sois lavados, mas ya sois santificados, mas ya sois justificados en el nombre del Señor Jesús, y por el Espíritu de nuestro Dios" (I Cor. 6:11).

El momento mismo en que una persona recibe a Cristo como su Salvador, sus pecados desaparecen al ser él lavado; es justificado ante Dios; es santificado; nace en la familia de Dios.

El momento en que somos santificados, pasamos la línea divisoria de los *perdidos* a los *salvados*. Somos salvos de la pena del pecado—el infierno eterno.

Toda persona salva es una persona santificada, un santo. Los santos no se canonizan después de la muerte. Todo pecador se hace santo el momento en que es santificado, salvado. ¡Si no es santo en la tierra no llegará al cielo jamás! "A la iglesia de Dios... santificados en Cristo Jesús, llamados santos" (I Cor. 1:2). La Biblia habla acerca de los santos en la tierra, y ninguno de ellos era perfecto. Eran salvos (Ef. 1:1; 6:18; Fil. 1:1). Eran hijos de Dios.

B.   SANTIFICACION CONTINUA—SALVADO DEL PODER DEL PECADO.

"Porque la voluntad de Dios es vuestra santificación: que os apartéis de fornicación" (I Tes. 4:3). "Mas creced en la gracia y conocimiento de nuestro Señor y Salvador Jesucristo" (II Pedro 3:18).

El secreto para crecer en gracia es crecer en conocimiento del Señor Jesús. Conocerlo más equivale a querer asemejarnos más a él.

El momento en que ingresamos en la familia de Dios, somos apartados para él, y debemos crecer más y más a semejanza de él. No nos hacemos santos tratando de ser buenos, sino que queremos ser buenos *porque somos* santos. "Nosotros todos, mirando... como en un espejo la gloria del Señor, somos transformados de gloria en gloria en la misma semejanza, como por el Espíritu del Señor" (II Cor. 3:18).

La clave para aumentar de gloria en gloria es contemplar la gloria del Señor. En otras palabras, cuando nos damos tiempo para estudiar su Palabra y orar y aprender acerca de él, más y más deseamos ser como él. Somos santos porque hemos recibido al Salvador, pero crecemos en santidad viviendo para él. Dios no sólo nos salva de la pena del pecado; puede salvarnos del poder del pecado, la antigua serpiente, él mismo diablo. "Y a vosotros multiplique el Señor, y haga abundar el amor entre vosotros, y para con todos... para que sean confirmados vuestros corazones en santidad, irreprensibles (no 'sin pecado')" (I Tes. 3:12,13). "De la manera que fuisteis enseñados de nosotros de cómo os conviene andar, y agradar a Dios, así vayáis creciendo" (I Tes. 4:1).

Es posible "perfeccionar la santidad" o llegar a la madurez de la santidad. La palabra *perfecto* en el griego significa "maduro", no impecabilidad. "Limpiémonos de toda inmundicia de carne y de espíritu, perfeccionando la santificación en temor de Dios" (II Cor. 7:1).

Esto no se refiere a una perfección sin pecado en esta vida. Los santos de Dios no desean pecar, pero a veces caen en pecado. La prueba de que son salvos es que confiesan y se apartan del pecado y desean ser santos" (I Juan 1:8,10; Rom. 7:15-25).

Alguno preguntará sin duda, "¿A qué se refieren, entonces, los que enseñan la 'segunda bendición', o que la 'segunda obra de gracia' es una experiencia emocional espiritual que santifica? Afirman que después de ser salvo, uno no es santificado hasta que tenga esta experiencia de esperar, orar y experimentar emociones, y luego uno se vuelve sin pecado y santo, y desaparece la posibilidad de pecar".

El apóstol Pablo no enseña semejante doctrina. Volvió a visitar muchas veces a sus convertidos, con el fin de darles más bendición y confirmarlos en la fe, pero eso no tenía nada que ver con una perfección sin pecado. Cada visita que les hacía constituía otra bendición.

Entre los que enseñan esta doctrina es común oír lo siguiente: "¡Sed salvos y santificados!" Pero la Palabra de Dios enseña que ser salvo *es ser santificado*. Dios nos insta y manda que crezcamos en santidad.

Viajando en un ómnibus oí una conversación entre dos mujeres negras detrás de mí. Estaban hablando favorablemente sobre una nueva amistad, y una decía, "Es una buena mujer".

"¿Ah, sí?" exclamó la otra. "¿Es creyente?"

"Sí", dijo la primera, "es de las que realmente aman al Señor".

La segunda se interesó. "¿Sí" "¿Es santificada?"

"¡Eso sí que no! ¡Es bautista!"

¡Me resultó difícil no volver la cabeza y meterme en la conversación!

III. El Problema del Pecado

¿Por qué tenemos tanto problema con el pecado aquí en la tierra? Todos tenemos una naturaleza carnal, que en la Biblia se denomina "el viejo hombre". Esta vieja naturaleza es el yo que se opone a Dios. Cuando somos salvados y santificados, nace en nosotros una nueva naturaleza, una naturaleza espiritual, llamada "el nuevo hombre" (Ef. 4:18, 22-24; Juan 8:44; Rom. 8:7-9; Gál. 5:16-26; Rom. 6:13; 8:6; Juan 3:3; I Cor. 5:17).

Mientras no somos salvos no hay vida espiritual, y la vieja naturaleza controla la vida completamente, a las órdenes de Satanás. Servimos al pecado y amamos el pecado. *Pero* cuando nos nace la nueva naturaleza, precisamente entonces comienza el problema. Desde entonces existen dos naturalezas, que están constantemente de punta.

A la vida cristiana se la denomina una lucha. "Porque la carne codicia contra el Espíritu, y el Espíritu contra la carne: y estas cosas se oponen la una a la otra, para que no hagáis lo que quisiereis" (Gál. 5:17; Rom. 7:16-25). El apóstol Pablo sabía lo que era este batallar dentro de su corazón, y exclamó angustiado, "¡Miserable hombre de mí! ¿Quién me librará del cuerpo de esta muerte?"

Pero la contienda no es infructuosa. Hay victoria *si la queremos*. El apóstol remata sus exclamaciones de angustia con esperanza: "Gracias a Dios, por Jesucristo Señor nuestro". "Mas a Dios gracias, que nos da la victoria por el Señor nuestro Jesucristo" (I Cor. 15:57).

La realidad es que con mucha frecuencia realmente no queremos la victoria; nos gusta el pecado y descuidamos de estar en guardia, y la vieja naturaleza nos domina. Pero la vida cristiana normal es una vida victoriosa. Es la única vida que glorifica a Dios. "Apártese de iniquidad todo aquel que invoca el nombre de Cristo" (II Tim. 2:19-21).

En la India un anciano qué acababa de encontrar a Cristo como su Salvador expresó el problema de la siguiente manera: "En mi corazón hay dos perros que se pelean continuamente, un perro negro y un perro blanco".

El misionero le preguntó, "¿Y cuál de los perros vence?"

La contestación fue sencilla, "¡El que alimento!" Tenía razón. ¿De qué nos alimentamos espiritualmente? ¿Ingerimos preferentemente las cosas de este mundo, el cine, la radio, la televisión, etc.? ¿O nos alimentamos con el Pan de Vida, la leche de la Palabra, la vianda firme de las enseñanzas de Dios? ¿Nos preguntamos por qué es que no tenemos victoria, a pesar de que preferimos amistades mundanas a las creyentes, y aun la pista de baile quizá a la casa de Dios?

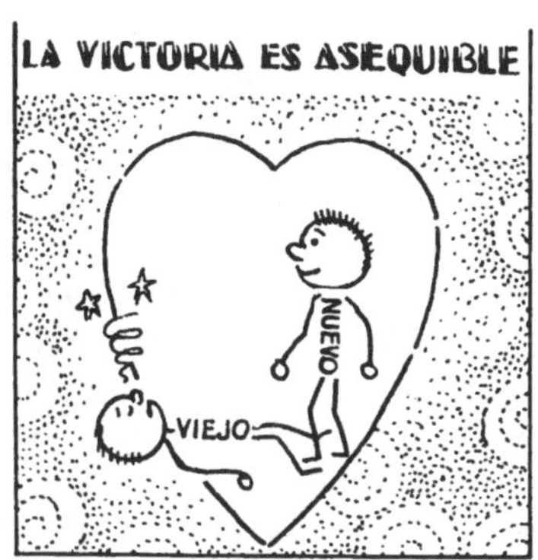

IV. ¿Cómo Podemos Asegurarnos de la Victoria?

Esta es una experiencia práctica de todos los días; somos guardados momento a momento por el poder de Dios, porque *queremos ser guardados*. Véase lo que ofrece Romanos 6 en este sentido.

A. SABED que somos nuevas criaturas en Cristo; que pertenecemos a Dios; que Cristo puede darnos la victoria. "Sabiendo esto, que nuestro viejo hombre juntamente fue crucificado con él... a fin de que no sirvamos más al pecado... Sabiendo que Cristo, habiendo resucitado de entre los muertos, ya no muere" (Rom. 6: 6,9).

El saber que somos salvos y que Cristo puede darnos victoria sobre el poder del pecado, son los primeros pasos hacia la victoria misma.

B.   PENSAD que la nueva naturaleza vive para Dios y que la vieja naturaleza se considera muerta. "Así también vosotros, pensad que de cierto estáis muertos al pecado, mas vivos a Dios en Cristo Jesús Señor nuestro" (Rom. 6:11). Cada momento recordad que el Espíritu Santo mora en nosotros, y que hemos sido comprados por precio. ¡Tened por muerta a la vieja naturaleza! Haced caso omiso de los susurros del pecado y la tentación. Al

final de cuentas, Dios espera que colaboremos con él en la cuestión de conseguir la victoria sobre el pecado. "El que es engendrado de Dios, se guarda a sí mismo, y el maligno no le toca" (I Juan 5:18). Dios nos protege del pecado si *queremos ser guardados*.

C. ENTREGAOS a Dios diariamente, cada hora, y momento a momento. Dirigíos a él en oración cuando os venga la tentación. Tenemos comunicación constante e instantánea con Dios cuando necesitamos victoria. "Ni tampoco presentéis vuestros miembros al pecado por instrumentos de iniquidad; antes presentaos a Dios... vuestros miembros a servir a la justicia" (Rom. 6:13,19).

V. Santificación Completa — Salvado de la Presencia del Pecado

Esto será cuando lleguemos al cielo. "Para que scan confirmados vuestros corazones en santidad, irreprensibles delante de Dios y nuestro Padre, para la venida de nuestro Señor Jesucristo con todos los santos" (I Tes. 3:13). "Y el Dios de paz os santifique en todo; para que vuestro espíritu y alma y cuerpo sea guardado entero sin reprensión para la venida de nuestro Señor Jesucristo" (I Tes. 5:23).

Cuando veamos a Cristo, seremos como él es; estaremos a salvo de la presencia misma del pecado. La vieja naturaleza desaparecerá, y seremos perfectos, sin pecado, y enteramente santos. Recordad esto cuando miréis a otros creyentes. Algún día seremos perfectos. Mientras tanto, seamos pacientes los unos para con los otros y amémonos unos a otros a pesar de las imperfecciones. Mantengamos los ojos puestos en Cristo como nuestro modelo, y no en la gente. Nadie es perfecto aquí.

"Muy amados, ahora somos hijos de Dios, y aun no se ha manifestado lo que hemos de ser; pero sabemos que cuando él apareciere, seremos semejantes a él, porque le veremos como él es. Y cualquiera que tiene esta esperanza en él, se purifica, como él también es limpio" (I Juan 3:2,3).

VI. ¿Cómo Puede el Creyente Asegurarse de que Agrada a Dios?

Hay una prueba segura de lo que es bueno o malo para el creyente, y esta prueba asegura bendición y éxito delante de Dios. No hay gozo real cuando no hacemos la voluntad de Dios y no cumplimos sus mandamientos.

De modo que si deseamos tener gozo verdadero, aquí va la prueba:

A. "Si pues coméis, o bebéis, o hacéis otra cosa, hacedlo todo a gloria de Dios" (I Cor. 10:31). Todo lo que hacemos—incluyendo nuestra vida social, nuestros entretenimientos, nuestras costumbres, nuestro negocio. Si no podemos pedir la bendición de Dios sobre lo que hacemos, y saber que le glorifica a él, luego *es pecado*.

B. "No procurando mi propio beneficio, sino el de muchos, para que sean salvos" (I Cor. 10:33). Nada de lo que hacemos o decimos, aun nuestro lenguaje, nuestra vida de hogar, nuestra manera de vestir—debiera impedir que otros deseen a nuestro Señor. Si lo que decimos o hacemos impide que otros sean salvos, luego *es pecado*.

C. "Y todo lo que hacéis, sea de palabra, o de hecho, hacedlo todo en el nombre del Señor Jesús, dando gracias a Dios Padre por él" (Col. 3:17). Todo lo que hacemos—nuestros pensamientos, nuestras ambiciones, nuestros entretenimientos—debemos hacerlo en el nombre de Cristo y con el fin de vivir una vida que exprese nuestra gratitud hacia él. Si lo que hacemos o pensamos nos impide amar a Cristo, o nos quita el apetito por la reunión de oración, o el deseo de servir a Dios, y nuestra vida no es una vida entregada a él, luego *es pecado*.

Como cristianos y santos, todo lo que hacemos, decimos o pensamos, debiera pasar esta triple prueba. Si no

podemos pasar la prueba, es pecado para el Hijo de Dios santificado, y contrista al Espíritu Santo. No tenemos por qué adoptar las ideas de otras personas—Dios nos ha dado su respuesta sobre cualquier asunto dudoso en cuanto a la adopción de prácticas o el disfrute de placeres. Sólo basta que apliquemos la prueba.

¿Sois **salvos**? ¿Habéis nacido de nuevo? ¿Sois santos de Dios?

En **caso** afirmativo: ¿Estáis creciendo en santidad? ¿Sois cada **día** más santos, y obtenéis una mayor medida de victoria?

Y si **así** no fuera, ¿por qué no?

Un joven policía en las Filipinas había llegado a conocer a Cristo como su Salvador, y su testimonio había causado bastante impresión a los inconversos, que constituían casi el 100 por ciento de la población. Pero un día vino a verme con un problema, y me dijo, "Sé que soy salvo, pero no puedo por nada abandonar el hábito de fumar".

"¿Por qué quiere dejar de fumar?" le pregunté.

"Porque sé que no puedo glorificar a Dios con el cigarrillo, y sé que es malo para mi organismo. Vengo fumando desde niño y el hábito es tal que me doy cuenta que soy esclavo del tabaco".

"Tiene razón", le dije; "está mal fumar. Pero el Dios que puede salvarlo del infierno, con seguridad que puede librarlo del pecado. ¿No le parece?"

Oramos juntos para presentar el asunto a Dios, pero el joven no llegaba a obtener la victoria. Muchas veces vino a admitir su fracaso y a solicitar oración. Dediqué muchas horas a ese joven, pero parecía que nunca iba a vencer su hábito.

"Juan", le dije un día, a menos que rompa este "último lazo con el pecado, será arrastrado por el pecado y el mundo. Nunca tendrá éxito en la vida cristiana".

Sus palabras resonaban aún en mi mente cuando abandonamos ese pueblo y fuimos a cumplir otras campañas evangelísticas, y no podía dejar de orar por él.

Pero las noticias que llegaban eran desconsoladoras. Poco a poco se alejó de la iglesia y de la comunión de los creyentes. Tiempo después ya ni les hablaba en la calle. Luego se casó con una niña de otra confesión. Toda la población se mofaba de la pequeña iglesia bautista, al ver que un convertido tan prometedor había vuelto aparentemente a su vida anterior. Este es uno de los problemas principales cuando el creyente se aparta; hace tanto daño al testimonio y al nombre de Cristo. Ninguno se aparta solo; siempre daña a otros.

El pastor y los creyentes no podían acercarse al joven para conversar con él. Luego enfermó gravemente. Mas aun así, cuando procuraron visitarlo se dieron con que la esposa vigilaba la puerta y les negaba el acceso.

Un día, mientras la señora estaba en el mercado, los creyentes se introdujeron en la casa y rodearon la cama de Juan. Sus ojos se llenaron de lágrimas, y les imploró diciendo, "Cantadme los himnos que solíamos cantar en las reuniones cuando los Friederichsen estaban aquí. ¡Mi corazón se angustia al pensar en esos días!" Mientras cantaban, Juan lloraba. Luego imploró nuevamente, "¡Orad por mí! Deseo fervientemente volver al Señor".

Me contaron lo que dijo cuando fue restaurado. "Pensar que porque no quise deshacerme de ese último lazo con el pecado, Satanás me arrastró hacia el mundo. ¡Qué precio he pagado! Y cómo he herido a mi Señor. Ruego que sea llevado al cielo antes que llegue a apartarme otra vez".

Juan había resuelto tomar las cosas en serio esta vez. Le comunicó a su esposa su decisión, y los creyentes lo visitaron con regularidad hasta que se restableció.

La semana en que se levantó por primera vez, llegamos de vuelta a ese pueblo para una conferencia. Juan pensaba asistir. No obstante, camino de la iglesia un chaparrón repentino lo mojó completamente y le dio un resfrío; tuvo que volver a casa. No volví a ver a Juan.

Una semana después fue a estar con el Señor. Dios había escuchado su deseo, el de que prefería ir al cielo antes que volver a apartarse; todos los que lo conocían sabían el cambio que se había operado en su vida. Antes de morir le hizo prometer a su esposa que le pediría al pastor bautista que efectuara un entierro cristiano.

Ese fue el primer funeral cristiano en aquel pueblo. Sí; fue un verdadero testimonio el de Juan en su muerte, y el mensaje llegó a los oídos de los paganos por primera vez cuando colmaron el cementerio llenos de curiosidad. Mas, si bien su muerte fue un testimonio real para Dios, pensad en lo que hubiera podido ser su vida. El servicio triunfal en el entierro no podía borrar el año de apartamiento y pecado, ni substituir el testimonio y el servicio para Dios que hubiera podido llevar. No; no conviene vivir en pecado. No conviene mantener ni el último lazo de unión con el mundo.

¿Puede vuestra vida pasar la triple prueba?

En contraste con Juan, está el caso de una joven que estaba comprometida con un médico en buena posición y con un brillante porvenir. Ella era creyente, pero él no. Durante un avivamiento del poder de Dios en una iglesia donde me encontraba hablando, esa joven se dio cuenta de que Dios manda que los creyentes sólo deben casarse "en el Señor", y no formar yugo desigual con los inconversos. No podía pasar la triple prueba con su compromiso. Recordaré siempre el día en que, con el rostro bañado en lágrimas, oró a Dios que le diera fuerzas para romper con su novio a menos que él buscara en Dios la salvación.

El joven no buscó a Dios. No obstante, ella mantuvo su palabra, y anuló su compromiso. La experiencia desconsoladora significó un triunfo para la joven. Su vida se fortaleció proporcionalmente; su testimonio se hizo más efectivo. Algún tiempo después Dios le dio un esposo creyente.

CUESTIONARIO

1. ¿Dónde moraba Dios en la tierra en los días del Antiguo Testamento? (II Crón. 7:16).
2. ¿Dónde mora Dios en la tierra en la actualidad? (I Cor. 3:16).
3. ¿Cuándo es santificada la persona? (I Cor. 6:11).
4. ¿Quiénes son los santos? (I Cor. 1:2; Ef. 1:1).
5. ¿Cuál es la voluntad de Dios para los cristianos? (I Tes. 4:3).
6. ¿Qué es la santificación continua? (I Tes. 3:12,13).
7. ¿Qué es "el viejo hombre"? (Ef. 4:18-22).

8. ¿Por qué tiene el creyente conflictos en su corazón? (Gál. 5:17; Rom. 7:15-25).

9. ¿Es posible la victoria? (I Cor. 15:57).

10. ¿Qué debemos *saber* con el fin de obtener victoria sobre el pecado? (Rom. 6:6,9).

11. ¿Qué debemos *pensar* con el fin de obtener victoria sobre el pecado? (Rom. 6:11).

12. ¿Qué debemos *entregar* a Dios? (Rom. 6:13,19).

13. ¿Cuándo seremos completamente santificados? (I Tes. 3:13; I Juan 3:2).

14. ¿Cuál es la triple prueba? (I Cor. 10:31,33; Col. 3:17).

15. ¿Cómo crece en santificación el creyente? (II Pedro 3.18).

16. ¿Qué es "el nuevo hombre"? (Efec. 4:24).

17. ¿De qué deben alejarse los creyentes? (II Tim. 2:19).

18. ¿Se menciona en la Biblia el tabaco, el juego, o el teatro? (I Cor. 10:31).

19. ¿Cómo nos asemejamos más y más a Cristo? (II Cor. 3:18).

20. ¿Cuál es el resultado de estar "en Cristo"? (II Cor. 5:17).

10

LA VIDA ETERNA

¿QUE SE ENTIENDE por "vida eterna" en la Biblia? Es más que una simple condición de vida. ¡Es una Persona! Es estar relacionado con esa Persona.

"Esta empero es la vida eterna: que te conozcan el solo Dios verdadero, y a Jesucristo, al cual has enviado" (Juan 17:3).

Cristo Jesús dijo: "Yo soy el camino, la verdad, y la vida: nadie viene al Padre, sino por mí" (Juan 14:6). La vida eterna es Cristo mismo. El es la fuente de vida física y eterna; sólo él puede dar vida eterna.

"Estas empero son escritas, para que creáis que Jesús es el Cristo, el Hijo de Dios; y para que creyendo, tengáis vida en su nombre" (Juan 20:31). El creer en Cristo significa que recibimos vida eterna.

En otras palabras, la vida eterna es Cristó, y el que yo tenga vida eterna, depende de que reciba a Cristo. La vida eterna es tener a Cristo en mi corazón y vivir con él por toda la eternidad. Es una unión imperecedera con Cristo.

Entregamos a él nuestra vida humana y él nos da vida espiritual. El vive en nosotros para salvarnos, y nosotros vivimos para él con el fin de agradarle. Es una unión de fe y amor que nada puede romper.

"¿Quién nos apartará del amor de Cristo?... Por lo cual estoy cierto que ni la muerte, ni la vida, ni ángeles, ni principados, ni potestades, ni lo presente, ni lo por venir, ni lo alto, ni lo bajo, ni ninguna criatura (ser creado), nos podrá apartar del amor de Dios, que es en Cristo Jesús Señor nuestro" (Rom. 8:35-39). Nada ni nadie, ni siquiera Satanás, ni nosotros mismos, puede separarnos de Cristo, una vez que le hemos recibido como nuestro Salvador personal. Su amor es amor sempiterno.

I. ¿Cuándo Puedo Recibir la Vida Eterna?

El momento en que recibo a Cristo Jesús como mi Salvador, tengo vida eterna. "El que cree en el Hijo, *tiene* vida eterna" (Juan 3:36). "El que tiene al Hijo, tiene la vida: el que no tiene al Hijo de Dios, no tiene la vida" (I Juan 5:12). ¿Puede ser más clara la Biblia? Cuando Jesús dijo, "Yo soy la verdad", quiso decir que podemos

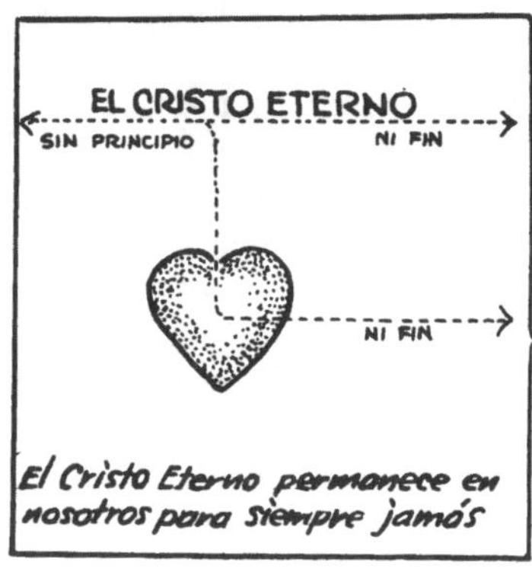

saber la verdad en cuanto a Dios a través de la Palabra que nos ha dado. Las palabras de los escritos del apóstol Pablo *son las palabras de Cristo*. Pablo las recibió del Señor ascendido.

Jesús dijo también, "Yo soy el camino". El es el camino al cielo; él es el Salvador que nos salva del pecado y del infierno. También dijo él, "Yo soy la vida". Por él tenemos vida para siempre en el cielo. La muerte eterna es separación eterna de Dios en el lago de fuego.

II. ¿Cómo Podemos Saber que Tenemos Vida Eterna?

A. DIOS DICE QUE PODEMOS SABERLO. Si decimos que no podemos saber con seguridad que somos salvos, llamamos a Dios mentiroso. "Estas cosas he escrito a vosotros que creéis en el nombre del Hijo de Dios, para *que sepáis* que tenéis vida eterna" (I Juan 5:13). Comparad, además, estas otras promesas, en las que Dios dice que *tenemos* (tiempo presente) vida eterna cuando le recibimos: Juan 3:14-16, 36; 5:24; 10:9, 27-29; 6:47. Somos salvos por fe, y tener fe es creer que Dios guardará su palabra. ¡El nos salva—nosotros recibimos la salvación!

B. LA PALABRA "ETERNA" SIGNIFICA SIN FIN. Si podemos perder la vida eterna, quiere decir que no es imperecedera. Se dice que el anillo de casamiento es un símbolo de amor imperecedero. Desgraciadamente el amor humano a veces se acaba; pero el amor de Dios nunca. Si perdemos la vida eterna cuando pecamos, significa que nuestra salvación depende de que seamos buenos. Pero la Palabra de Dios dice que somos salvos al recibir a un Salvador, y no porque seamos buenos (Tito 3:5). Si tenemos que ayudarle a Dios a que nos salve, pues entonces no puede salvar y no es Dios. La vida eterna es un *regalo*. "La dádiva de Dios es vida eterna" (Rom. 6:23). Nosotros recibimos el regalo, y vivimos una vida de acción de gracias.

C. SALVO SIGNIFICA "SALVO"—no "tal vez", o "quizá", o "si aguanto hasta el fin". Una vez que nacemos en la familia de Dios, no podemos iniciar el proceso inverso. Si los que pertenecemos a la familia de Dios nos volvemos a perder cuando pecamos, ¿cuántos pecados se requieren para perder la salvación? ¿Uno sólo? Si así fuera, cada vez que pecamos tenemos que ser salvados de nuevo; y después de que somos salvos nuevamente, tendríamos que bautizarnos otra vez. La Biblia dice que debemos creer y ser bautizados. De modo que cada vez que

nos enojamos o sentimos celos, o estamos nerviosos, o mentimos, o somos egoístas, tenemos que ser salvos nuevamente, y luego ser bautizados otra vez, y así sucesivamente. ¡Es contrario a la Palabra de Dios! *Salvado* es voz pasiva; es algo que se nos hace. Hemos sido salvados por el Salvador. "Todo aquel que invocare el nombre del Señor, será salvo" (Rom. 10:13).

D.   EL ESPIRITU SANTO SELLA AL CREYENTE. "Y no contristéis al Espíritu Santo de Dios, con el cual estáis sellados para el día de la redención" (Ef. 4:30; 1:13,14). Dios no ha de romper su sello; Dios no puede mentir. "El que comenzó en vosotros la buena obra, la

perfeccionará hasta el día de Jesucristo" (Fil. 1:6). "Somos guardados en la virtud de Dios por la fe, para alcanzar la salud" (I Pedro 1:5). Nosotros tomamos al Salvador, y luego él nos toma a nosotros.

Tomas un tren o un ómnibus que lleva a la ciudad. Primeramente, a menos que subáis os quedaréis donde estáis. Pero una vez que habéis subido al ómnibus, os quedáis tranquilos y dejáis que el ómnibus os lleve. No obs-

tante, hay personas que piensan que después de tomar—digámoslo así—la "salvación", tienen que empujarla hasta llegar a destino. ¡El "ómnibus" de Dios jamás se descompone!

Nuestra salvación no depende tampoco de las sensaciones. Con harta frecuencia nuestras sensaciones están influenciadas por las circunstancias o la salud, o los acontecimientos; pero la salvación se basa en un Salvador que puede guardar. "Porque yo sé a quién he creído, y estoy cierto que es podoroso para guardar mi depósito para aquel día" (II Tim. 1:12).

III. ¿Tiene Asegurado el Cielo Todo el que Dice que es Cristiano?

No podemos conocer el corazón ajeno; sólo Dios lo conoce. Pero podemos ver el fruto de la vida eterna en la

persona que es salva. Muchos son los que "profesan" ser salvos, pero pocos los que "poseen" al Salvador. Muchos piensan que son salvos porque levantaron la mano o pasaron adelante en un servicio, o porque se hicieron miembros de una iglesia, o fueron bautizados o confirmados, o tuvieron alguna experiencia excepcional. Pero la salvación es el *acto* concreto de recibir a Cristo y de desear ser librado del pecado y del infierno. Es un acontecimien-

to que ocurre una vez—un nuevo nacimiento— y de inmediato comenzamos a vivir una vida nueva.

No podemos engañar a Dios. Pedir la salvación y pretender seguir en pecado es hipocresía. No hay salvación ni vida eterna cuando venimos a Dios "con reservas", o le decimos, "¡Señor, sálvame, pero quiero seguir pecando!" La falta de sinceridad anula la oración que se hace pidiendo salvación. Un cambio de vida acompaña al acto de recibir la vida eterna. Es harto frecuente el caso de quienes "profésanse conocer a Dios; mas con los hechos lo niegan" (Tito 1:16).

IV. ¿Qué es un Descarriado?

A. DEFINICION. El descarriado es el creyente que se ha apartado de la comunión con Dios. El creyente no ama el pecado. Aun cuando pudiera cometer pecado, no se mantiene fuera de comunión con Dios, sino que confiesa su pecado, lo abandona, y encuentra misericordia. De esta manera se reanuda la comunión (I Juan 1:7,9).

Muchas veces se emplea el término con referencia a personas que en realidad nunca fueron salvas. Al fin y al cabo, no se puede volver atrás, si primeramente no se ha ido hacia adelante.

La Biblia ofrece una definición muy buena del descarriado: "De sus caminos será harto el apartado de razón" (Prov. 14:14). Desde el momento en que el cristiano se vuelve por su propio camino, en lugar de seguir en los caminos de Dios, está descarriado.

Mas alguno preguntará, "¿El hecho de que una persona sea salva significa que puede pecar sin medida?" Dios dice: "¿Pues qué diremos? Perseveraremos en pecado para que la gracia crezca? En ninguna manera. Porque los que somos muertos al pecado, ¿cómo viviremos aún en él?" (Rom. 6:1,2).

La persona que es salva no desea pecar. Tiene una nueva naturaleza que nace de Dios, por lo cual odia el pecado y ama la justicia. "Cualquiera que es nacido de Dios, no hace pecado". Considerad, a modo de ilustración, el reino animal. Al cerdo le gusta el barro, se revuelca en él, y vuelve directamente al barro aun cuando se lo haya lavado y limpiado y se le ponga una cinta de color rosa. ¡Esa es su naturaleza! Por otra parte, a las ovejas y a los gatos no les gusta el barro. Lo evitan. ¡Es que esa es su naturaleza! Ah, sí; puede que el gato caiga en el barro; o que la oveja se meta en el lodo—pero no se acuestan en él, ni se revuelcan en él; lo aborrecen y procuran salir a secarse con la mayor premura. Esa es la diferencia.

Es igual con las personas que son salvas y las que no lo son. El inconverso ama el pecado y su propio camino— no le interesa en absoluto la voluntad de Dios. El que es salvo aborrece el pecado y ama la justicia, y anhela hacer la voluntad de Dios con su vida. Puede que cometa pecado, pero no se queda con el pecado; no *practica* el pecado, sino que lo confiesa y lo abandona, y encuentra misericordia.

Pero ni por un momento se piense que el creyente que se aparta no ha de sufrir las consecuencias de su pecado. Dios no manda a sus hijos al infierno, pero los castiga. No puede ignorar el pecado. "Todo lo que el hombre sembrare, eso también segará" (Gál. 6:7). Dios se vale de su garrote denominado "Dificultades" para castigar a sus hijos descaminados.

B. EN LA VIDA DEL CREYENTE EL PECADO TIENE CINCO CONSECUENCIAS:

1. *Dios no contesta la oración.* "Si en mi corazón hubiese yo mirado a la iniquidad, el Señor no me oyera" (Sal. 66:18).

2. *Dios permitirá que haya dificultades,* angustia, enfermedad, y aun muerte física. "Por lo cual hay muchos enfermos y debilitados entre vosotros; y muchos duermen" (I Cor. 11:30). "Hay pecado de muerte, por el cual yo no digo que ruegue" (I Juan 5:16). El "pecado de muerte" es cuando el creyente da un testimonio tan pobre que Dios lo saca de la tierra. Cuántas veces pensamos que cuando un creyente muere, ha ido a su recompensa y que su obra en la tierra ha terminado. ¡No siempre! Algunas veces ha sido retirado antes que pueda hacer más daño. ¿Os sobresaltó leer esto? Espero que sí. Es una seria advertencia de cuán importante es no dar un mal testimonio (I Cor. 5:5).

3. *Impedimos que otros* sean salvos. Más son las personas impedidas de volver a Dios a causa de la vida

que viven algunos cristianos, que por cualquier otra razón. En lugar de constituir la sal de la tierra y la luz del mundo para que la gente tenga sed de Dios, y de mostrarles el camino, el descarriado es una piedra de tropiezo. "De esta manera, pues, pecando contra los hermanos, e hiriendo su flaca conciencia, contra Cristo pecáis" (I Cor. 8:12).

4. *Perdemos nuestra recompensa* al llegar al cielo. "Si la obra de alguno fuere quemada (destruida por la prueba de Dios), será perdida" (I Cor. 3:15). "Y ahora, hijitos (recién convertidos), perseverad en él; para que cuando apareciere, tengamos confianza, y no seamos confundidos de él en su venida" (I Juan 2:28).

5. *Contristamos el corazón de Dios* nuestro Padre. "No contristéis al Espíritu Santo de Dios" (Ef. 4:30). ¿Hay, por ventura, algo que cause más angustia que un niño que no ama a su padre o a su madre?

Mis padres fueron misioneros en la China por treinta años. Vivían en el interior del país, donde no había escuelas; por ello nosotros, los hijos, debíamos ir como pupilos a una escuela a una distancia que equivalía a un mes de viaje. Uno a uno, a medida que llegábamos a la edad escolar, nos iban dejando en la escuela, y mis padres regresaban a sus labores con corazones quebrantados. Mi hermano mayor era un niño apenas cuando se fue por primera vez.

Acariciando el rostro de su madre, le susurró, "¡No dejes que tu cara cambie, mamá!" Siendo misioneros, nuestros padres no tenían ni el tiempo ni el dinero necesario para viajar, de modo que cuando nos reunimos con ellos nuevamente, éramos todos adolescentes ya. Cuando yo tenía quince años, recuerdo lo turbada que me sentí cuando mi madre me besó y me abrazó. ¡En todos esos años no supe lo que era un abrazo! Me llevó varios meses sentirme cómoda con mis padres, y pienso con frecuencia en el quebrantamiento de corazón que experimentaría mi madre muchas veces al día, en su anhelo de que la amáramos como ella nos amaba a nosotros.

Conozco el caso de otra misionera que no logró reconquistar el amor de sus hijos. La hija siguió resentida con su madre, y el primer amor jamás se restableció.

Pero no hay razón alguna para que nosotros nos sintamos extraños delante de Dios. El no nos ha abandonado; jamás ha de faltar. Y con todo, a pesar de que nos llamamos hijos de Dios, a veces le causamos angustia porque no lo amamos; no tenemos el mismo interés en su obra; no amamos su Palabra; no sentimos grandes deseos de orar; no nos interesan las cosas santas.

V. ¿Cuál es el Resultado de Poseer la Vida Eterna?

Cualquiera que tenga una visión unilateral acerca del tema de la vida eterna, verá ahora el otro lado. Porque es así: cada doctrina tiene dos lados. Se equilibran perfectamente. Estos resultados son la señal externa de que somos salvos. "Por sus frutos los conoceréis"

A. **DEBEMOS ANDAR EN NOVEDAD DE VIDA.** El Cristo que mora en nosotros nos dará poder para vivir una vida nueva. "De modo que si alguno está en Cristo, nueva (creación) es: las cosas viejas pasaron; he aquí todas son hechas nuevas" (II Cor. 5:17; Rom. 6:4,13; Col.

3:1-4). "Las cosas viejas van pasando" es el significado literal del versículo transcrito. Las cosas pecaminosas deben ir desapareciendo diariamente, a medida que crecemos en gracia. ¿Sabíais que las hojas muertas de algunos robles no se desprenden durante todo el invierno? ¿Cómo se van? ¿Sacándolas o sacudiéndolas? No; solamente con la llegada de la primavera, cuando la nueva savia sube por el tronco y llega a las ramas; y comienzan a aparecer nuevos brotes, las hojas viejas caen por sí solas. Cuando la nueva vida de Cristo comienza a manifestarse en nosotros, las cosas viejas del pecado y las cosas de naturaleza dudosa van cayendo. Si no glorifican a Dios, tampoco nos interesan a nosotros.

B. DEBEMOS ANDAR A LA LUZ DE LA JUSTICIA. "El que me sigue, no andará en tinieblas, mas tendrá la lumbre de la vida" (Juan 8:12). La luz se relaciona con la justicia. Cristo nos salva del poder del pecado y hace posible la victoria sobre el pecado. Cuando nos mantenemos cerca de él, aumenta nuestra justicia. Cuanto más nos alejamos de él, tanto más nos conformamos con nosotros mismos y tanto más avaloramos nuestra propia justicia. Ya sabéis lo que ocurre en las fiestas en que la iluminación se hace con velas. ¡Hasta el rostro más arrugado parece hermoso! Será por eso que a las mujeres les gusta la luz de las candelas. ¡La luz eléctrica es muy reveladora!

La santidad de Dios también es altamente reveladora. La persona que es salva desea seguirle de cerca y caminar en su luz diariamente.

C.　TENEMOS EL AGUA DE VIDA, Y EL PAN DE VIDA. Cristo puede satisfacer el hambre y la sed del alma. Satisface al corazón anhelante. "Bienaventurados los que tienen hambre y sed de justicia: porque ellos serán hartos" (Mat. 5:6). Si los cristianos tienen hambre de las cosas del mundo, es porque no acuden constantemente a Jesús para ser espiritualmente saciados por él. Dice él:

"Yo soy el pan de vida: el que a mí viene, nunca tendrá hambre; y el que en mí cree, no tendrá sed jamás" (Juan 6:35).

D.   TENEMOS VIDA ABUNDANTE. La vida cristiana no debiera consistir meramente en existir, sino en vivir plena, activa y felizmente. ¡La vida cristiana es una vida rica! Disfrutamos aquí de la presencia y la bendición de Dios y del cielo para toda la eternidad. Jesús dijo: Yo he venido para que tengan vida, y para que la tengan en abundancia" (Juan 10:10). La voluntad de Dios es que seamos fuertes, sanos, y productivos en esta vida. Quienes tratamos de cultivar flores sabemos que lo que se requiere es una planta fuerte y sana que dé flores. A veces la planta está viva, pero apenas no más. Enferma, triste y sin fruto, nos avergüenza que la vean. Dios quiere que tengamos vida abundante, radiante y resplandeciente para él.

E.   DEBEMOS AMAR LAS ALMAS. "Reteniendo la palabra de vida" (Fil. 2:16). "Nosotros sabemos que hemos pasado de muerte a vida, en que amamos a los hermanos" (I Juan 3:14). Amar a los demás significa que hemos de desear su salvación. Si estamos convencidos del mensaje de salvación, hemos de querer ser propagandis-

tas para Dios. El propagandista debe estar convencido de la utilidad del producto, ser entusiasta al anunciarlo, y considerar a todos como posibles compradores.

Estos son algunos de los resultados que trae la posesión de la vida eterna. Son las pruebas externas de que estamos en Cristo.

Con claridad meridiana recuerdo estar sentada en una capilla de bambú en las Filipinas, para hablar con personas que venían con preguntas de carácter religioso. En el transcurso del día el hombre más acaudalado del pueblo se detuvo a conversar. Contestamos con especial deferencia sus preguntas acerca de Norte América, negocios, costumbres, etc. Hablamos un buen rato. Antes de que se fuera, lo invitamos a asistir a nuestras reuniones. "Ah", contestó, "estoy demasiado ocupado para concurrir. Algún día cuando no esté tan atareado vendré".

Pocos días después me encontraba en la capilla hablando sobre el tema de "Ganar Almas para Cristo". El salón estaba repleto, y como era un día caluroso, las puertas y ventanas estaban todas abiertas. La música de una banda funeraria llegó a nuestros oídos desde la calle. Cuando la procesión pasó frente a la capilla, podía yo ver las caras de todos los que iban pasando, y oír los pasos de tantos pies—las mujeres cantando su endecha, los niños portando velas; el sacerdote llevando el crucifijo. Al final de todos, en el enorme coche negro labrado, pasaba el hombre que estaba demasiado ocupado para concurrir a nuestras reuniones. No estaba demasiado atareado para morir. Pero lo que me conmovió profundamente ese día fue el hecho de que yo no le había mostrado el camino de salvación. Lo había dejado alejarse con una simple invitación a concurrir a las reuniones, y nada más. ¡Ya se había ido! Esa mañana no pude terminar mi mensaje. Tuve que detenerme para confesar ante Dios mi pecado. Cuando hube arreglado mis cuentas con él, Dios comenzó a trabajar con los demás en la iglesia. Esa mañana fue el comienzo de un avivamiento en el pueblo. Otros confesaron su pecado y arreglaron sus cuentas con Dios; aun los hombres principales de la iglesia y el pastor confesaron su pecado; durante dos horas la congregación estuvo bañada en lágrimas de arrepentimiento hasta que todas las almas presentes arreglaron sus cosas con Dios. Algunas almas fueron salvadas. El avivamiento continuó durante las dos semanas de reuniones. Pero tuvo que comenzar en mi propio corazón.

Se ora mucho por un avivamiento en estos días. Los creyentes y las iglesias oran y hablan sobre avivamientos. ¿Cómo puede venir un avivamiento? ¡Tan pronto como estemos preparados para un avivamiento! El precio del avivamiento es que nosotros los cristianos arreglemos nuestras cuentas con Dios y entre nosotros, y luego salgamos en nombre de Dios. Sólo entonces veremos un avivamiento.

Dios está dispuesto a bendecir ahora mismo. Lo que frena el avivamiento son los creyentes no consagrados, que no sienten responsabilidad por las almas.

¿Sois vosotros impedimentos para un avivamiento? ¿Lo seré yo?

CUESTIONARIO

1. ¿Qué es la vida eterna? (Juan 14:6).

2. ¿Para qué fue escrito el Evangelio de Juan? (Juan 20:31).

3. ¿Puede Satanás separarnos de Cristo? (Rom. 8:35-39).

4. ¿Quiénes tienen vida eterna? (Juan 3:36; I Juan 5:12).

5. ¿Por qué fue escrita la Epístola de Juan? (I Juan 5:13).

6. ¿Cuánto dura la vida eterna? (Juan 10:28).

7. ¿Cómo obtenemos la vida eterna? (Rom. 6:23; Juan 1:12).

8. ¿Quién guarda a los creyentes? (I Pedro 1:5; II Tim. 1:12).

9. ¿"Poseen" realmente al Salvador todos los que "profesan" a Cristo? (Tito 1:16).

10. ¿Cuál es el interés del descarriado? (Prov. 14:14).

11. ¿Puede el cristiano pecar impunemente? (Gál. 6:7; Rom. 6:2).

12. ¿Cuáles son los cinco resultados del pecado en la vida del creyente?

13. ¿Mueren todos los creyentes porque su obra en la tierra haya terminado? (I Cor. 11:30; I Juan 5:16).

14. ¿Cuál es la respuesta al hambre del alma? (Juan 6:35).

15. ¿Cuál es el mensaje del creyente? (Fil. 2:16).

16. ¿Puede un cristiano vivir en pecado? (Juan 8:12; I Juan 3:9).

17. ¿Contra quién pecamos cuando somos piedras de tropiezo? (I Cor. 8:12).

18. ¿Quién sella al creyente? (Ef. 1:13,14).

19. ¿Cuándo somos salvos? (Rom. 10:13; Juan 1:12).

20. ¿Perdemos la vida eterna al pecar? (Juan 5:24; 6:47; Fil. 1:6).

11

MANEJANDO ACERTADAMENTE LA PALABRA DE VERDAD

Procura con diligencia presentarte a Dios aprobado, como obrero que no tiene de qué avergonzarse, que traza (maneja) bien la palabra de verdad (II Tim. 2:15).

UNA DE LAS QUEJAS MAS COMUNES de la gente hoy en día es esta: "¡Yo no entiendo la Biblia! ¿Cómo puedo llegar a saber a qué se refiere?"

Todos nos sentiríamos así, probablemente, si tratásemos de entender un libro de medicina o de alguna otra ciencia, leyéndola desordenadamente y sólo de tanto en tanto.

La Biblia es un libro de texto religioso. Contiene remedios para todos nuestros problemas relacionados con la salvación, la vida cristiana, la armonía en el hogar, el éxito en los negocios, y aun la política. El hecho de que contenga historias no significa que debemos siempre leerla de principio a fin. Lo que más conviene es saber dónde encontrar las porciones especiales adecuadas para cada necesidad particular. Es un hecho que algunos capítulos fueron escritos especialmente para ciertas personas, ciertos tiempos, y ciertas necesidades. Es importante saber para quién es, y a quién se refiere, cada parte de la Biblia; cuáles partes están dirigidas especialmente a nosotros, y cuáles se aplican especialmente al día de hoy.

Es notable cómo la Biblia encuadra perfectamente como un gigantesco rompecabezas cuando sabemos cómo "trazar bien", o manejar acertadamente, la Palabra de verdad.

No hay ningún método abreviado para entender la Biblia. Con todo esto, esta lección os enseñará a manejar una llave para interpretár la Palabra, que servirá así para aclarar algo de la confusión de la que hasta los mismos cristianos parecen ser presa.

La Biblia abarca varios miles de años de la historia del hombre—pasada, presente, y futura—y durante esos años Dios ha venido tratando con la humanidad en diversas formas, según su entendimiento y la revelación divina, y según el período de tiempo.

Estos períodos de tiempo se llaman épocas o edades, o si se quiere, dispensaciones. "En la dispensación del cumplimiento de los tiempos" (Ef. 1:10). "Habéis oído la dispensación de la gracia de Dios" (Ef. 3:2).

La verdad de la salvación por fe en un Salvador no ha variado nunca a través de toda la historia. Antes que el mundo fuera creado, Dios ya había resuelto que Cristo fuera "el Cordero de Dios que quita el pecado del mundo". "El Cordero, el cual fue muerto desde el principio del mundo" (Apoc. 13:8).

Para empezar consideremos:

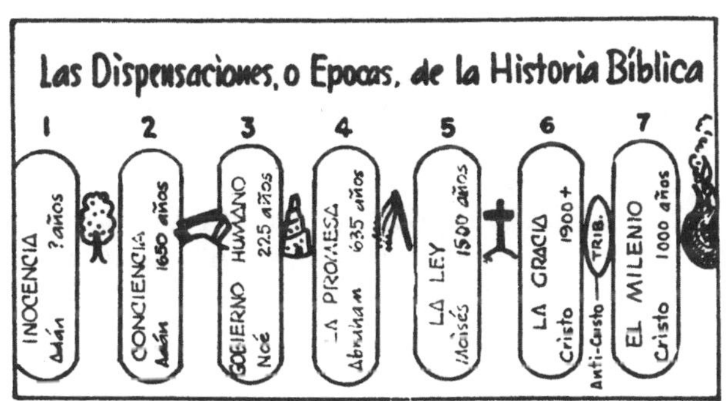

I. La Epoca Prehistórica

Este período no entra en ninguna dispensación, porque no había hombre en el mundo. La creación original de la tierra fue "por la palabra de Dios" y a partir de la nada (II Pedro 3:5,6). Era un mundo perfecto, tal vez un paraíso mineral y vegetal, con alguna vida animal.

Con la caída de Satanás del cielo, la tierra quedó "desordenada y vacía" (Gén. 1:2), y el caos, de una duración de varios billones de años, daría cuenta del carbón, el uranio, y otros depósitos minerales en la tierra. Hubo períodos de hielo, de calor y de inundación. Si hubo animales prehistóricos, perecieron en este cataclismo (II Pedro 3:6; Jer. 4:23-26; Is. 24:1; 45:18).

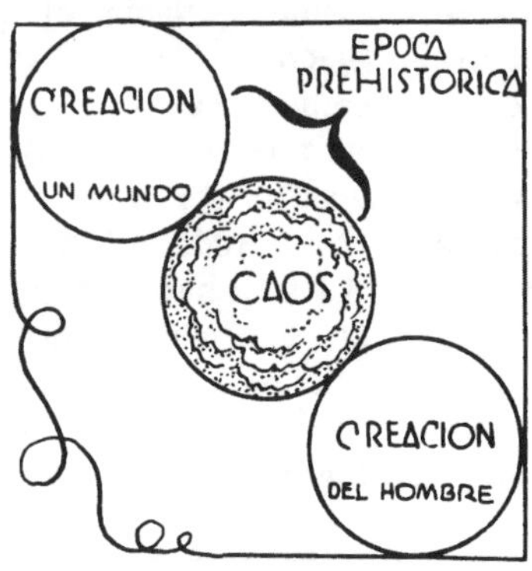

Cuando Dios hizo que la tierra emergiera del caos, como dice Génesis 1, creó al hombre por primera vez, y creó nuevamente la vida animal. Cada especie era perfecta según su género, y Dios vio que era bueno.

La humanidad fue creada a la imagen de Dios (Gén. 1'27). Esto no se refiere a la imagen física de Dios, porque Dios es Espíritu; se refiere a su imagen moral y espiritual.

Adán y Eva eran perfectos mental, moral, y espiritualmente, y tenían también un cuerpo físico perfecto. La humanidad no evolucionó a partir de otras especies. En lugar de *evolución*, podríamos hablar de *di-volución*, o mejor aún, de *diablo-volución*, porque el pecado ha ocasionado la degeneración del hombre de su primitivo estado perfecto, y se ha venido debilitando y acortándose su período de vida a medida que pasa el tiempo.

II. Las Siete Epocas

A. LA EPOCA DE LA INOCENCIA—de duración desconocida. No sabemos cuánto tiempo estuvieron Adán y Eva en el Jardín de Edén. Cuando eligieron desobedecer a Dios, cosecharon la maldición de Dios—Adán habría de conocer el dolor, las dificultades y el sudor; Eva habría de sufrir dolor y pesar, y sujeción al hombre; la serpiente habría de comer polvo y andar sobre su vientre; la naturaleza toda habría de conocer espinos y plagas y ferocidad (Gén. 3).

Cada dispensación comienza con la bendición de Dios, pero termina con desastre, como resultado de que el hombre desobedece a Dios y es juzgado. Adán y Eva fueron echados del Jardín de Edén.

B. LA EPOCA DE LA CONCIENCIA—aproximadamente 1650 años. Comienza ahora la vida fuera del Jardín de Edén. Dios vistió a Adán y a Eva con pieles de animales, y de esta manera se derramó sangre como una lección objetiva de la sangre de Cristo, que habría de cargar con el pecado del mundo.

En adelante la conciencia del hombre es su guía, y ¡qué guía pobre resulta! Pronto el pecado se hace cargo de nuevo. Caín mata a su hermano Abel. ¿Por qué? "Caín... era del maligno, y mató a su hermano. ¿Y por qué causa le mató? Porque sus obras eran malas, y las de su hermano justas" (I Juan 3:12). Las obras de Caín no eran aceptables porque no ofreció por el pecado sacrificio de sangre.

El hombre sigue de mal en peor, hasta que Dios decidió eliminar a la impía raza humana mediante un diluvio. Durante 120 años Noé predicó advirtiendo del juicio venidero mientras construía el arca; pero cuando al fin se produjo el desastre, sólo él y su familia buscaron refugio en el arca de salvación (Gén. 6-9).

C. LA EPOCA DEL GOBIERNO HUMANO—225 años. El arca es otro tipo del refugio que tenemos en Cristo del juicio de Dios. Ahora Dios da comienzo nuevamente a la raza humana con el piadoso Noé y su familia. Fue en esta época que Dios instituyó la pena capital y el gobierno humano (Gén. 9:3-6).

Una vez más, sin embargo, los hombres se alejaron de Dios, y llegaron a pensar que alcanzarían el cielo levantando una torre que mantendría unida a toda la gente y les daría un nombre en la tierra. Los hombres siempre han procurado encontrar su propio camino al cielo, para evitar el camino de salvación indicado por Dios. ¡Pero no resulta! En esta ocasión Dios desbarató sus esfuerzos confundiendo su lengua, de modo que no se podían entender entre sí, y la edificación debió suspenderse. Dios dijo: "He aquí el pueblo es uno, y todos éstos tienen un lenguaje... Ahora pues, descendamos, y confundamos allí sus lenguas, para que ninguno entienda el habla de su compañero. Así los esparció Jehová desde allí sobre la faz de toda la tierra" (Gén. 11:6-8).

Precisamente lo que habían tratado de evitar era el juicio que Dios descargó sobre ellos en esa ocasión. Los hombres se desparramaron por los cuatro puntos del mundo. Como las otras, esta época termina en desastre.

D.   LA EPOCA DE LA PROMESA—635 años. Una vez más Dios comienza con un hombre. Esta vez, rechazando otras naciones, Dios elige a Abraham y le promete hacerlo una nación grande. A través de Abraham vino el Salvador; "que la bendición de Abraham fuese sobre los gentiles en Cristo Jesús; para que por la fe recibamos la promesa del Espíritu" (Gál. 3:14). "Y viendo antes la Escritura que Dios por la fe había de justificar a los gen-

tiles, evangelizó antes a Abraham, diciendo: En ti serán benditas todas las naciones" (Gál. 3:8; Gén. 12-50).

Una vez más, sin embargo, asoma el desastre, por cuanto los hijos de Abraham descendieron a Egipto, donde fueron esclavos de Faraón. Termina esta época con el gemido del "pueblo escogido", oprimido y perseguido.

E.   LA EPOCA DE LA LEY—1500 años. Moisés es el hombre a quien Dios ultiliza para libertar a su pueblo de Egipto, y darle los mandamientos para su conducta cívica, religiosa, sanitaria y moral. La ley de Moisés inclu-

ye todos los mandamientos de los libros de Exodo (incluso los Diez Mandamientos), Levítico, Números, y Deuteronomio, y cualquier otro mandamiento que se encuentre en el Antiguo Testamento. Estos mandamientos fueron dados a los judíos, y sólo a ellos, hasta que viniera el Mesías—Cristo. "De manera que la ley nuestro ayo fue para llevarnos a Cristo, para que fuésemos justificados por la fe. Mas venida la fe, ya no estamos bajo ayo" (Gál. 3:24,25).

Las ordenanzas, ritos y sacrificios dados a los judíos eran todos tipos de Cristo y de su obra de salvación.

La época de la ley finaliza con el más grande desastre de todos los tiempos—el asesinato del Mesías, el Hijo de Dios.

F.   LA EPOCA DE LA GRACIA: EL PERIODO DE LA IGLESIA—1900 años. Esta es la época en que vivimos actualmente. Hoy Dios ofrece su salvación a "todo aquel que cree", y no sólo a los judíos. El "pueblo escogido" está constituido hoy por aquellos que eligen a Cristo. Como en los días anteriores a Cristo, cuando los hombres miraban por la fe al Salvador que habría de venir, así hoy por la fe miramos hacia atrás al Salvador que vino

Para Dios aquellos que eligen su camino de salvación constituyen su Iglesia, su Esposa, su Cuerpo.

Esta Epoca de la Iglesia, o época de la gracia, terminará con el regreso de Cristo para llevar a su Iglesia a estar con él y librarla de la Gran Tribulación que ha de venir. Esta tribulación no es una dispensación, sino el desastroso final de esta época; es un interludio de siete años denominado la Gran Tribulación.

En vista de que los hombres se han alejado de Dios, el desastre se presenta en la forma de un dictador mundial—el Anticristo—que se coloca en lugar de Dios y mata a todos aquellos que no lo adoran. La magnitud del desastre en los cielos, del caos en el universo, y de la turbulencia de la naturaleza toda, sólo se compara con el horrible derramamiento de sangre en que se verá envuelta la tierra.

G.   LA EPOCA DEL REINO—1000 años. La tribulación finaliza con la venida de Cristo a la tierra a inaugurar su reino en Jerusalem, y la derrota del Anticristo. La maldición sobre la tierra será levantada y habrá paz en el mundo. Todo el mundo adorará al Rey de reyes. Esta edad de oro se llama el Milenio.

Mas aun la Epoca del Reino termina con una última revuelta de Satanás y el desastre final—el fin del mundo. "Los cielos pasarán con grande estruendo, y los elementos ardiendo serán deshechos, y la tierra y las obras que

en ella están serán quemadas... los cielos siendo encendidos serán deshechos" (II Pedro 3:10,12). (Otros versículos bíblicos referentes a estos últimos párrafos proféticos podrán consultarse en la lección sobre Acontecimientos Futuros Según la Profecía.)

III. Cómo Interpretar la Biblia

Veamos cómo este bosquejo general de las dispensaciones de la historia bíblica nos puede ayudar en la interpretación de la Palabra de Dios.

En primer lugar, a excepción de los primeros once capítulos del Génesis, la mayor parte del Antiguo Testamento se relaciona con la historia, las leyes, la poesía, y la profecía del pueblo escogido, los judíos.

A. ESTUDIAMOS EL ANTIGUO TESTAMENTO PARA INFORMARNOS. Su aplicación primaria apunta a los judíos, y es para ellos.

El Antiguo Testamento es el Viejo Pacto, el convenio antiguo, que culmina en el sacrificio del Calvario.

El Antiguo Testamento era para los judíos, el pueblo terrenal de Dios; y las recompensas por guardar los mandamientos consistían en prosperidad terrenal, larga vida, familias numerosas, y la posesión de la Tierra Prometida.

Los mandamientos para los judíos, se encuentran principalmente en los libros de Moisés, e incluyen los Diez Mandamientos. El guardar los mandamientos de Dios no quitaba el pecado; el fracaso en guardar los mandamientos mostraba simplemente a los hombres la necesidad que tenían de un Salvador. "Por las obras de la ley ninguna carne se justificará delante de él; porque por la ley es el conocimiento del pecado" (Rom. 3:20).

Cuando los hombres pecaban en los días del Antiguo Testamento, traían un cordero sin mancha y sin contaminación para que fuese sacrificado. Pero la sangre de animales no podía jamás quitar el pecado; era un símbolo que señalaba por fe hacia el Salvador que habría de venir. "Porque la ley, teniendo la sombra de los bienes venideros... nunca puede, por los mismos sacrificios que ofrecen continuamente cada año, hacer perfectos a los que se allegan... porque la sangre de los toros y machos cabríos no puede quitar los pecados... así que, todo sacerdote. se presenta cada día ministrando y ofreciendo muchas veces los mismos sacrificios, que nunca pueden quitar los pecados" (Heb. 10:1,4,11).

Cristo era judío. Guardó las leyes mosaicas y cumplió los ritos mosaicos; vivió en la época de la ley. "Dios envió a su Hijo, hecho de mujer, hecho súbdito a la ley,

para que redimiese a los que estaban debajo de la ley" (Gál. 4:4,5). Jesús guardó el sábado judaico, el día séptimo. Su ministerio fue a "las ovejas perdidas de la casa de David". Muchos de sus dichos y enseñanzas se aplicaban primariamente a los judíos y a la futura Epoca del Reino.

El libro de Mateo se escribió especialmente para probar que Cristo es el Rey de los judíos. El libro de Marcos fue escrito a los romanos, para mostrar a Cristo como el Siervo Sufriente. El libro de Lucas está dirigido a los griegos, y muestra a Cristo como la fuente de la cultura, el Gran Médico, el Hijo del Hombre. Pero el Evangelio de Juan fue escrito "para que creáis que Jesús es el Cristo, el Hijo de Dios; y para que creyendo, tengáis vida en su nombre" (Juan 20:31). El Evangelio de Juan podría llamarse el libro cumbre de toda la Biblia, por cuanto, si bien relata la vida y dichos de Cristo antes de su muerte, Juan escribió estas cosas bastante tiempo después de la aparición de la mayoría de los otros libros del Nuevo Testamento, de manera que la aplicación apunta definidamente a los cristianos; está en completa armonía con los escritos del apóstol Pablo y atañe a la época posterior a la muerte de Cristo.

B. ESTUDIAMOS EL NUEVO TESTAMENTO PARA INSTRUIRNOS. Esta parte de la Biblia está dirigida *a* los cristianos y es *para* los cristianos. Comenzando con el Evangelio de Juan, tenemos la enseñanza cristiana de la Palabra de Dios. ¡No hubo ningún cristiano antes de la muerte de Cristo!

El punto de división entre el Antiguo y el Nuevo Pacto es la muerte de Cristo. Si bien los libros de la Biblia se dividen en el momento del nacimiento de Cristo, el cambio en las enseñanzas y en la aplicación se efectúa en el momento de su muerte.

Con la muerte de Cristo el Antiguo Testamento quedó completo y cumplido, y fue colocado a un lado, y el Nuevo Testamento tomó su lugar. "Quita lo primero, para establecer lo postrero" (Heb. 10:9). La ley mosaica ha sido anulada (Gál. 2:16; 3:11-13; 5:4,18; Col. 2:16; Rom. 10:4; 6:6,14; 7:6; 14:5,6; II Cor. 3:7-11; Hech. 15: 24; 21:25). No se nos dice que no comamos carne de cerdo, ni que guardemos el sábado judaico, etc.

¿Os molestan las conclusiones a que hemos llegado? ¿Sois vosotros de los que se escandalizan y exclaman: "¡Cómo! ¿Ni siquiera guardan los Diez Mandamientos los cristianos?"

C. ESTUDIO DE LOS DIEZ MANDAMIENTOS. Buscad Exodo 20 y leed los Diez Mandamientos. ¿A quién están dirigidos? "Yo soy Jehová tu Dios, que te saqué de la tierra de Egipto, de casa de siervos". ¿Habéis estado vosotros alguna vez bajo servidumbre en Egipto? Si no fuera este el caso, esas palabras no están dirigidas a vosotros.

¿Pero significa esto que los cristianos pueden matar, robar, mentir, etc.? ¡Desde luego que no!

Todos los mandamientos del Antiguo Testamento que deben guardar los cristianos están repetidos en el Nuevo Testamento.

No sólo están repetidos los mandamientos, sino que con frecuencia son mucho más estrictos que en el Antiguo Testamento. Después de todo, quienes vivieron en la época de la ley no tenían el privilegio de que el Espíritu Santo morase en ellos, como lo tenemos nosotros hoy; de modo que nuestra responsabilidad es mucho mayor.

¿Se encuentran, pues, repetidos en el Nuevo Testamento los Diez Mandamientos? Desde luego—la mayoría sí:

1. No tendrás dioses ajenos—I Juan 3:23.
2. No te harás imagen (para ayudar en la adoración)—Hech. 15:20; I Juan 5:21.

3. No tomarás el nombre de Jehová tu Dios en vano—Sant. 5:12.

4. Acordarte has del día del reposo—a los cristianos no se les manda que guarden el sábado de nuestro calendario. Este es el único de los Diez Mandamientos que no se repite en el Nuevo Testamento para los cristianos.

5. Honra a tu padre y a tu madre—Ef. 6:1.

6. No matarás—I Pedro 4:15.

7. No cometerás adulterio—Hech. 15:20.

8. No hurtarás—Ef. 5:3.

9. No hablarás falso testimonio; no mentirás—Col. 3:9.

10. No codiciarás—Ef. 5:3.

¿Significa esto que los creyentes no deben guardar ningún día para Dios? ¡Por cierto que no! Nos muestra simplemente que no estamos bajo la ley de Moisés, y que no tenemos necesidad de guardar el día que era una señal especial entre Dios e Israel.

Pues, entonces, ¿qué día debemos guardar?

D.   ¿POR QUE GUARDAN EL PRIMER DIA DE LA SEMANA LOS CRISTIANOS?

1. Cristo se levantó de entre los muertos el primer día de la semana (Juan 20:1).

2. En dos ocasiones después de la resurrección, Cristo se reunió con sus discípulos en el aposento alto el primer día de la semana (Juan 20:19,26; Luc. 24:13).

3. Los acontecimientos de Pentecostés tuvieron lugar el primer día de la semana (Hech. 2:1).

4. Los apóstoles se reunían para predicar y celebrar la Cena del Señor el primer día de la semana (Hech. 21:7).

5. A los cristianos se les mandó traer sus ofrendas el primer día de la semana (I Cor. 16:2).

El principio de guardar un día de descanso para Dios

no ha cambiado nunca. Ha de ser un día especial, y no uno en el que hacemos lo mismo que los demás días. "Si retrajeres del sábado tu pie, de hacer tu voluntad en mi día santo, y al sábado llamares delicias, santo, glorioso de Jehová; y lo venerares, no haciendo tus caminos, ni buscando tu voluntad, ni hablando tus palabras" (Is. 58: 13). El cristiano desea guardar el Día del Señor en esta forma especial, como día de descanso y adoración, y no con fiestas campestres, reuniones de familia, actividades caseras, trabajos en el jardín, deportes, etc., y descuidando la casa de Dios.

E. ¿COMO PUEDEN SINTETIZARSE LOS MANDAMIENTOS DEL ANTIGUO TESTAMENTO? Cuando se le preguntó, "Maestro, ¿cuál es el mandamiento grande de la ley?", Jesús respondió, "Amarás al Señor tu Dios de todo tu corazón, y de toda tu alma, y de toda tu mente. Este es el primero y el grande mandamiento. Y el segundo es semejante a éste: Amarás a tu prójimo como a ti mismo. De estos dos mandamientos depende toda la ley y los profetas" (Mat. 22:36-40).

F. ¿COMO PUEDEN SINTETIZARSE LOS MANDAMIENTOS DEL NUEVO TESTAMENTO? "Y éste es su mandamiento: Que creamos en el nombre de su Hijo Jesucristo, y nos amemos unos a otros como nos lo ha mandado" (I Juan 3:23). ¡Nótese que el principio es el mismo en el Antiguo y en el Nuevo! El Antiguo habla de amar *al Señor tu Dios,* y el Nuevo habla de amar *a su Hijo Jesucristo;* en otras palabras, el Señor Jesús *es* Dios.

Pasemos a analizar brevemente los mandamientos generales del Nuevo Testamento, con el fin de observar cómo deben obedecerse para la gloria de Dios y para mostrar amor hacia los demás.

AMAR A DIOS	AMAR A LOS DEMAS
1. Vivir santamente (Pedro 1:14-16)	Justicia para con todos (I Tesalonicenses 3:12,13).
2. Oración (I Tesalonicenses 5:17)	Oración intercesora (Efesios 6:18).
3. Estudio de la Biblia (II Timoteo 2:15).	Instruir a otros (II Timoteo 4:2).
4. Adoración (Heb. 10:25)	Ser ejemplo a los demás (Mateo 5:16).
5. Testificar (Mateo 10:32)	Ganar a otros (Santiago 5:20).
6. Dar (Romanos 12:1-3)	Que otros oigan la verdad (II Corintios 8:1-5).

Vemos así, que todo lo que hacemos en obediencia a Dios lo hacemos para su gloria, con el fin de mostrar amor hacia *él,* y con el fin de mostrar amor a otros, para que sean salvos. No podemos hacer buenas obras mientras no seamos salvos. Somos salvos por fe en un Salvador. Pero una vez que somos salvos, hemos de querer obedecer los mandamientos de Dios. Un grupo de inconversos se acercó a Jesús para preguntarle cómo podían agradar a Dios. "Y dijéronle: ¿Qué haremos para que obremos las obras de Dios? Respondió Jesús, y díjoles: Esta es la obra de Dios, que creáis en el que él ha enviado" (Juan 6:28,29).

No podemos hacer obras para Dios hasta tanto no hayamos recibido al Hijo de Dios como nuestro Salvador. Pero si le hemos recibido, toda nuestra vida ha de consistir en vivir para él y obedecer sus mandamientos: "El que dice, Yo le he conocido, y no guarda sus mandamientos, el tal es mentiroso, y no hay verdad en él" (I Juan 2:3-6). No deja lugar a dudas, ¿no es cierto?

Uno de los episodios que no se ha publicado en los relatos del naufragio del "Titanic" es el de un predicador llamado Juan Harper. Lo contó el pastor de una gran iglesia.

Cuando el "Titanic" se hundía, uno de los que habían caído en el mar era un ganador de almas de nombre Juan Harper. Aferrándose a un pedazo de madera, anduvo de un lado para otro en la obscuridad haciendo a los náufra-

gos esta pregunta: "Señor, ¿es salvo usted?" Cuando contestaban: "¡No, sé que mi alma está perdida!" se detenía lo suficiente como para explicar el camino de salvación y orar con el hombre que se sentía condenado, y luego se encaminaba hacia otro náufrago. Así continuó Juan Harper llevando su mensaje de salvación durante las terribles horas que siguieron al hundimiento del gran barco. Por fin, completamente agotado, sin fuerzas ya para continuar aferrado a la tabla se hundió en las heladas aguas en la obscuridad.

El pastor que relató la historia terminó su relato con estas palabras: "¡Yo fui el último convertido de Juan Harper!"

Se hace tanto hincapié en nuestros días en los esfuerzos heroicos por salvar la vida humana; pero en el mejor de los casos la vida humana dura poco, llegando excepcionalmente a los cien años, mientras que el alma del hombre vivirá por toda la eternidad. ¿No es mucho mayor, acaso, la bendición de la salvación espiritual que salva "un alma de muerte"? (Sant. 5:20).

En nuestros días debiera hacerse hincapié en los milagros espirituales de la salvación de almas, más bien que en los beneficios de la prolongación de la vida meramente física.

Conozco a una buena mujer que ama al Señor con todo su corazón, y todo lo que hace tiene el único propósito de procurar ganar a otros para que amen al Señor también. De todas las condiciones angustiosas de la vida de hogar, sin embargo, ella llevaba una de las más grandes cruces para su Señor, por cuanto su esposo no sólo era antagónico a la religión, sino que trataba a su esposa brutalmente. A menudo venía a las reuniones con moretones que demostraban la brutalidad de su marido. Pero jamás emitió una sola palabra de queja. Ostentaba un rostro radiante y un brillante testimonio.

Durante largos años sufrió en silencio, y a través de todo el Señor bendijo su testimonio a otros con resultados maravillosos. Solía decirme, "Yo creo que Dios me ha permitido sufrir tantas pruebas para que pueda comprender mejor y ayudar a otros". En verdad, llevaba a otros a Dios a fuerza de amarlos literalmente. Cada acto de bondad iba unido a una palabra acerca de la salvación; cada "vaso de agua fría" iba acompañado con la Palabra de Dios acerca del Salvador. Vivía una vida de completa obediencia a los mandamientos de Dios, amándolo y amando a las almas.

Sufrió alrededor de veinte años en su casa con ese esposo vicioso. Pero luego las cosas comenzaron a cambiar. Poco a poco ese hombre empezó a transformarse. La última vez que los ví, se mostró bueno, paciente, y amante, y me contó su historia. "Luché contra Dios y mi mujer durante veinte años", me dijo, "hasta que me parecía que me iba a volver loco de frustración y miseria.

La dulzura y paciencia de mi esposa quebrantaron mi corazón al fin, y sentí que quería poseer al Cristo a quien ella vivía para honrar diariamente. Yo también he encontrado al Salvador, y ¡qué gozo es ahora para ambos nuestro hogar! Pero creo que fue el vivir consecuente para Dios de mi esposa, lo que por fin me ganó para él. ¡Es una santa en la tierra!"

En nuestros días se predica y se habla mucho, pero se vive poco para Dios. Se cumple el dicho de que "¡Lo que eres habla tan fuerte que no puedo oír lo que dices!"

Quiera Dios que al conocer sus mandamientos para nosotros los cristianos, los obedezcamos.

CUESTIONARIO

1. ¿Por qué debemos "trazar" las Escrituras? (II Tim. 2:15).
2. ¿Cuál es el tema que no ha cambiado a través de la eternidad? (Apoc. 13:8).
3. ¿Cómo sabemos que hubo una época de caos? (Jer. 4:23-26; Is. 24:1; 45:18).
4. ¿Cuál fue la maldición sobre el pecado? (Gén. 3: 14-24).

5. ¿Por qué mató Caín a Abel? (I Juan 3:12).

6. ¿Cuándo se instituyó la pena de muerte? (Gén. 9: 5,6).

7. ¿Con qué fin se dio la ley de Moisés? (Gál. 3:24, 25).

8. ¿Podía el sacrificio del cordero quitar el pecado? (Heb. 10:1-11).

9. ¿Durante qué dispensación vivió Jesús? (Gál. 4:4, 5).

10. ¿Por qué es para nuestro día el libro de Juan? (Juan 20:13).

11. ¿Por qué no necesitan guardar la ley mosaica los cristianos? (Gál. 2:16; 3:11-13; 5:4,18).

12. ¿A quiénes fueron dados los Diez Mandamientos? (Ex. 20:2).

13. ¿Cuáles de los Diez Mandamientos se repiten en el Nuevo Testamento?

14. ¿Por qué guardan el Día del Señor, o sea el primer día de la semana, los cristianos?

15. ¿Cómo debemos guardar el Día del Señor? (Is. 58:13).

16. ¿Cómo se resumen todos los mandamientos del Nuevo Testamento para los creyentes? (I Juan 3:23).

17. ¿Qué es lo primero que debemos hacer para agradar a Dios? (Juan 6:28,29).

18. ¿Debe el cristiano obedecer los mandamientos de Dios? (I Juan 2:4).

19. ¿Qué es más importante que salvar la vida física de la gente? (Sant. 5:20).

20. ¿Podemos salvarnos guardando los mandamientos de Dios? (Rom. 3:20).

12

ACONTECIMIENTOS FUTUROS SEGUN LA PROFECIA

ANTES DE QUE JESUCRISTO REGRESARA al cielo prometió lo siguiente: "Voy, pues, a preparar lugar para vosotros. Y si me fuere, y os aparejare lugar, vendré otra vez, y os tomaré a mí mismo: para que donde yo estoy, vosotros también estéis" (Juan 14:2,3).

Cuando Cristo subió al cielo, una nube lo recibió y desapareció de la vista de los discípulos. Dos ángeles dijeron: "Varones galileos, ¿qué estáis mirando al cielo? este mismo Jesús que ha sido tomado desde vosotros arriba en el cielo, así vendrá como le habéis visto ir al cielo" (Hech. 1:11). El regreso de Cristo será un regreso corporal, literal, y no simplemente una venida espiritual, como cuando entra en el corazón de la persona que le recibe, o como cuando viene a llevar al creyente al cielo en la hora de la muerte.

Cuando vino la primera vez, en la forma de un bebé, vino para ser el Salvador del alma de los pecadores. Pero su segunda venida será para salvar el cuerpo de los creyentes, oportunidad en la cual resucitarán para ser semejantes al cuerpo glorioso del Señor. Cristo vive "siempre para interceder por ellos" (Heb. 7:25). Está esperando que se complete el número de almas que han de ser salvas antes de volver a la tierra para llevar a los creyentes a estar con él. "Amar su venida" significa apurar su regreso realizando esfuerzos por ganar almas, para que pueda volver pronto. La segunda venida de Cristo comprende dos acontecimientos:

I. **El Arrebatamiento** (La primera parte de la segunda venida de Cristo).

Vivimos actualmente en la época de la gracia, el período de la iglesia, que comenzó después de la muerte de Cristo y la venida del Espíritu Santo. Esta época terminará con la primera parte del regreso de Cristo.

¿Qué es, en definitiva, lo que ocurrirá cuando él venga? Nadie le verá. No habrá previo aviso. "Porque el mismo Señor con aclamación, con voz de arcángel, y con trompeta de Dios, descenderá del cielo; y los muertos en Cristo (los cuerpos de los cristianos) resucitarán primero: luego nosotros, los que vivimos, los que quedamos (los cristianos que todavía vivan en la tierra), juntamente con ellos seremos arrebatados en las nubes a recibir al Señor en el aire, y así estaremos siempre con el Señor" (I Tes. 4:16,17).

La palabra arrebatamiento se usa para describir el acto por el cual los cristianos serán "tomados" para estar con el Señor.

Notad que los cuerpos de los cristianos que hayan muerto resucitarán primero, y luego nosotros, los que aún vivimos en la tierra, seremos arrebatados corporalmente a recibir al Señor en el aire, y nuestros cuerpos serán transformados en cuerpos de resurrección. "Todos ciertamente no dormiremos (moriremos en el Señor), mas todos seremos transformados, en un momento, en un abrir de ojo, a la final trompeta; porque será tocada la trompeta, y los muertos serán levantados sin corrupción, y nosotros seremos transformados. Porque es menester que esto corruptible (cuerpo físico) sea vestido de incorrupción, y esto mortal sea vestido de inmortalidad" (I Cor. 15:51-53).

Esto se denomina "la primera resurrección"; se refiere solamente a los cuerpos de los creyentes. "Bienaventurado y santo el que tiene parte en la primera resurrección; la segunda muerte (el lago de fuego) no tiene potestad en éstos; antes serán sacerdotes de Dios y de Cristo, y reinarán con él mil años" (Apoc. 20:6).

Muchos preguntan: "¿Conoceremos a nuestros seres queridos en el cielo?"

Cuando lleguemos a la gloria, "seremos semejantes a él, porque le veremos como él es" (I Juan 3:2). Seremos como Cristo moralmente, físicamente (con un cuerpo espiritual), y mentalmente. "Ahora vemos por espejo, en obscuridad; mas entonces veremos cara a cara; ahora conozco en parte; mas entonces conoceré como soy conocido" (I Cor. 13:12). Con seguridad que nos conoceremos en el cielo, así como Cristo nos conoce a nosotros.

Otra pregunta frecuente es esta: "¿Nos pareceremos a lo que somos ahora?"

Tengamos por seguro que cuando lleguemos al cielo, no estimaremos la belleza como lo hace el ser humano. Dios no mide la belleza según la longitud de la nariz o el color de las mejillas, o la proporción de la figura. Para Dios la belleza va más hondo que las formas exteriores. De modo que cuando seamos semejantes a él, estimaremos las apariencias según sus propias normas. ¿Qué interesa nuestra apariencia? En cuanto a mí, será maravilla suficiente ser semejante a él.

Otros preguntan, "¿Crecerán los niños en el cielo?" Sabemos que los niños van al cielo si mueren, pero no se nos dice si crecen o no. Cuando la Biblia no nos lo dice, cualquier conjetura que se haga tiene poco valor. Por lo pronto sabemos que hemos de reconocer a nuestros seres queridos.

Otra pregunta: "¿Cómo puede una persona ser feliz en el cielo, si sabe que aquellos a quienes ama están en el infierno?" Cuando llegamos al cielo tenemos la mente de Dios, y entendemos todas las cosas desde su propio punto de vista. No habrá problema alguno cuando nos enteremos de la razón por la cual están en el infierno, porque pensaremos como piensa Dios.

Imaginad por un momento, si podéis, el caos y la confusión que habrá cuando repentinamente sean arrebatados de la tierra los cristianos.

En las grandes carreteras habrá automóviles sin conductores que interrumpirán el tráfico en forma tal que llevará días efectuar la descongestión; aviones sin piloto caerán en cualquier parte; máquinas sin maquinista; salas de operación sin cirujanos; familias sin padres o hijos. ¡Todo en un abrir de ojo! No habrá previo aviso cuando ocurra este arrebatamiento. "Velad pues, porque no sabéis a qué hora ha de venir vuestro Señor... Por tanto, también vosotros estad apercibidos; porque el Hijo del hombre ha de venir a la hora que no pensáis... Velad, pues, porque no sabéis el día ni la hora en que el Hijo del hombre ha de venir" (Mat. 24:42,44; 25:13).

Continúa Jesús: "Empero del día y hora nadie sabe, ni aun los ángeles en los cielos, sino mi Padre solo. Mas como los días de Noé, así será la venida del Hijo del hombre. Porque como en los días antes del diluvio estaban comiendo y bebiendo, y casándose y dando en casamiento, hasta el día que Noé entró en el arca, y no conocieron hasta que vino el diluvio y llevó a todos, así será también la venida del Hijo del hombre" (Mat. 24:36-39).

No obstante, sí se nos aconseja que estemos atentos a ciertas señales de los tiempos, que nos indicarán que la venida del Señor está cerca. "De la higuera aprended la parábola: Cuando ya su rama se enternece, y las hojas brotan, sabéis que el verano está cerca. Así también vosotros, cuando viereis todas estas cosas, sabed que está cercano, a las puertas" (Mat. 24:32,33).

¿A qué señales se refería Jesús en ese pasaje?

A. LAS SEÑALES DE LOS TIEMPOS.

1. *Israel.* La tierra que por tanto tiempo ha sido estéril "florecerá como la rosa". Los judíos volverán a juntarse en su propia tierra, y su gobierno e idioma se vol-

verán a implantar. Todo esto se ha cumplido ya. Israel es nuevamente el jardín del mundo, con sus irrigadas huertas y el retorno a la normalidad de las condiciones pluviales. La riqueza del Mar Muerto tienta a todos los países circunvecinos (Jer. 32:37,43,44; Deut. 28; Ez. 36:34; 37: 21; Joel 2:23).

2. *Guerras.* ¿Acaso no ha habido guerras siempre? ¿Cómo sabemos que *ahora* estamos cerca de la venida de Cristo? Sí; ha habido guerras, pero nunca ha ocurrido que *todas* las profecías se estuvieran cumpliendo juntas, como en la actualidad (Mat. 24:6,7; Luc. 21:9-11).

3. *Terremotos.* Casi todos los días los periódicos informan de terremotos. Nunca antes en la historia se han registrado tantos terremotos como en los últimos quince años. Esta profecía se ha cumplido suficientemente ya (Mat. 24:6,7; Luc. 21:11).

4. *Condiciones Mundiales.* Parece que, como preparación para la venida del Anticristo, deben producirse ciertas situaciones y alianzas mundiales. El "rey del norte" (Rusia) y el "rey del este" (el oriente) formarán alianza. El "rey del norte" y "Gomer" (Alemania) formarán alianza. Egipto se verá en dificultades (Dan. 11; Ez. 38).

5. *Esfuerzos en Busca de Paz.* Aumentarán las con-

ferencias para la paz. "Los mensajeros de paz llorarán amargamente" (Is. 33:7; I Tes. 5:3). Pero estos esfuerzos en pro de la paz seguirán fracasando, hasta que venga el Príncipe de paz en persona.

6. *Decadencia Religiosa.* En todo el mundo se nota una decadencia en la predicación fiel de la Palabra de Dios, y un aumento de religiones falsas (Luc. 19:8; Mat. 24:5,11,12; II Tes. 2:3; I Tim. 4:1,2; II Tim. 4:1-4; 3:1-5, 13). Esta decadencia lleva el nombre de apostasía. El liberalismo o modernismo, como lo llaman algunos, no está al día; por el contrario es tan antiguo como el Jardín de Edén, cuando Satanás puso dudas en la mente de Adán y

Eva. He aquí algunos de los errores principales que se divulgan en las principales denominaciones hoy en día: Todos los hombres son hermanos y Dios es nuestro Padre; Dios es un Dios de amor, de modo que todos llegaremos al cielo de alguna forma; cumplid la Regla de Oro y haced lo que podáis y todo saldrá bien; los milagros no fueron más que acontecimientos circunstanciales; el infierno es aquí en la tierra, etc. El modernismo, o "humanismo", procura que el hombre llegue al cielo mediante sus propios esfuerzos. Este proceso decadente comprende tres etapas. Algunas iglesias se encuentran en la primera; otras en la segunda, y algunas han llegado a la tercera.

En la primera etapa la iglesia se vuelve mundana, organiza bailes y partidas de juego, ferias y rifas, etc. La segunda etapa comprende a las iglesias donde el mensaje es débil y diluido. No se predica la verdad positiva acerca del pecado, el nuevo nacimiento y la segunda venida de Cristo. La tercera etapa está caracterizada por el rechazo descarado de la Palabra de Dios, negándose el nacimiento virginal de Cristo, los milagros, la necesidad de la regeneración, etc.

7. *Viajes y Conocimiento*. Como nunca antes, el mundo se achica en razón del aumento de las facilidades

para viajar, las comunicaciones y los inventos (Dan. 12:4; Nahum 2:4). En el curso de los últimos cien años los inventos han aumentado en una proporción del 100 por ciento.

No queda ya ni una sola profecía que deba cumplirse antes del regreso de Cristo. ¡Podría venir hoy!

Cuando Cristo vuelva terminará el día de la gracia, y se acabará para nosotros, los que le conocemos, la oportunidad de ganar almas.

B.   EL PERIODO DE LA TRIBULACION. Creo que entre los dos acontecimientos de la venida de Cristo hay un breve período de siete años denominado la Gran Tribulación. "Porque habrá entonces grande aflicción, cual no fue desde el principio del mundo hasta ahora, ni será" (Mat. 24:21,22). Una vez que los creyentes hayan sido

arrebatados para estar con Cristo, el satánico Anticristo se revelará en la tierra. Será obrador de milagros, por medio del poder conferido por Satanás. Cuando se haga presente con lisonjas y promesas, los judíos creerán que es su Mesías, y habrá tres años y medio de falsa paz en la tierra (Dan. 11:21-24). Luego rompe su compromiso con Israel y toma para sí el lugar de Dios; su profeta falso obliga a los hombres a adorarle a él y a la imagen que ha creado. Se convierte en dictador político, económico y religioso del mundo entero. Será el "Cristo" de Satanás (Mat. 24:15-26; Luc. 21:25-28; Ez. 38; Dan. 7:24,25; 9:26,27; 11:36-45; Apoc. 13; II Tes. 2:3-12). Se le llama en las Escrituras el Anticristo, la Bestia, el rey inicuo, el hijo de perdición, el hombre vil, etc.

La tribulación no será únicamente efecto de las actividades de esta encarnación de Satanás cuando mata a todos los que se niegan a adorarle, sino que el sol, la luna y las estrellas saldrán de sus órbitas, y tendrán lugar los horrores que se relatan en el libro del Apocalipsis. Recordad que los ayes mencionados en el Apocalipsis y derramados sobre el mundo tendrán lugar todos en los breves meses de la última parte de la tribulación; gracias a Dios ningún verdadero cristiano de la presente época de la gracia pasará por ellos.

Muchos volverán a Dios durante los días de la tribulación—"una gran compañía, la cual ninguno podía contar, de todas gentes y linajes y pueblos y lenguas... estos son los que han venido de grande tribulación, y han lavado sus ropas, y las han blanqueado en la sangre del Cordero" (Apoc. 7:9,14). Habrá también 144.000 almas de las doce tribus de Israel que volverán a Dios en aquellos días (Apoc. 7:1-8). A algunos les resulta conveniente afirmar que sus propios seguidores son los 144.000. Pero estos 144.000 son judíos, y se salvan durante la tribulación. El que pertenezca a este grupo de 144.000 no es salvo en la actualidad. ¡Será dejado aquí cuando venga Cristo, y se salvará solamente bajo el reinado del Anticristo!

Todos los que se vuelven a Dios durante la tribulación serán muertos por el Anticristo y su dirigente religioso, el falso profeta (Apoc. 13:15; 20:4), porque se negarán a adorar la Bestia o la imagen de la Bestia.

Notad esto especialmente. Los que se salven durante la tribulación serán aquellos que no hayan oído el Evangelio en la época actual. Quienes han oído la verdad y la han rechazado, no serán salvos. "No recibieron el amor de la verdad para ser salvos. Por tanto, pues, les envía Dios operación de error, para que crean a la mentira; para que sean condenados todos los que no creyeron a la verdad, antes consintieron a la iniquidad" (II Tes. 2:10-12).

Cierta vez me dijo un hombre, "Si lo que usted dice es cierto, y repentinamente veo que usted es arrebatada y desaparece, entonces creeré".

Yo le contesté, "No; no creerá. Ha escuchado el Evangelio ahora, pero entonces creerá al Anticristo y será condenado con él". ¡Hoy ese hombre es creyente!

"Y será predicado este evangelio del reino en todo el mundo, por testimonio a todos los gentiles; y entonces vendrá el fin" (Mat. 24:14). El "fin" es el fin de los días del predominio gentil, y eso ocurrirá cuando Cristo venga a la tierra a iniciar su reino, no cuando venga al aire a arrebatar a los santos. De modo que será durante la tribulación que habrá un avivamiento mundial, y los judíos serán los propagadores del mismo (Apoc. 11).

¿Qué hacen en el cielo los creyentes durante estos siete años de conmoción en la tierra?

Tendrán lugar las bodas del Cordero, cuando Cristo y los creyentes disfrutarán de comunión cara a cara (Apoc. 19:7-9).

También tendrá lugar el tribunal de Cristo, cuando los creyentes aparecerán ante él para recibir recompensa o experimentar pérdida. "Porque es menester que todos nosotros parezcamos ante el tribunal de Cristo, para que cada uno reciba según lo que hubiere hecho por medio del cuerpo, ora sea bueno o malo" (II Cor. 5:10). Esto ocurrirá en el cielo. No se trata de un juicio con el fin de determinar quiénes van al cielo, sino para recompensar por las obras.

"Porque nadie puede poner otro fundamento que el que está puesto, el cual es Jesucristo". Cristo solo es el fundamento de nuestra fe y de la iglesia. "Y si alguno edificare sobre este fundamento oro, plata, piedras preciosas (obediencia a la voluntad de Dios), madera, heno, hojarasca (desobediencia a Dios); la obra de cada uno será manifestada: porque el día (el día de Cristo, su venida) la declarará; porque por el fuego (la prueba de Dios—no se trata del purgatorio, porque los creyentes ya están en el cielo) será manifestada; y la obra de cada uno cuál sea, el fuego hará la prueba. Si permaneciere la obra de alguno que sobreedificó, recibirá recompensa (nótese: no recibe salvación por sus obras, sino *recompensa* después de llegar al cielo). Si la obra de alguno fuere quemada, será perdida (no dice que él se perderá):

él empero será salvo, mas así como por fuego (¡como un tizón arrebatado del fuego!). ¿No sabéis que sois templo de Dios, y que el Espíritu de Dios mora en vosotros?" (I Cor. 3:11-16).

¿Cómo será cuando estemos delante de nuestro Señor en aquel día? ¿Le oiremos decir: "Bien, buen siervo y fiel... entra en el gozo de tu Señor", o seremos "confundidos de él en su venida"?

Un muchacho filipino estaba preocupado porque no sabía qué podía hacer con las muchas coronas que habría de recibir; por lo que me hizo esta pregunta: "Señora, ¿cómo he de poder llevar tantas coronas al mismo tiempo en la cabeza?"

Conociendo su vida cristiana, caracterizada por los altibajos, le dije, "No tengas miedo de tener demasiadas coronas, Roberto, tienes mucho que andar todavía. Pero aun cuando tuvieras muchas coronas, no creas que andaremos recorriendo las calles de oro con coronas en la cabeza. Una de las delicias en el cielo será el tener algo que depositar a los pies de aquél que nos amó y se entregó a sí mismo por nosotros" (Apoc. 4:10,11).

De cualquier manera, la palabra "coronas" no significa necesariamente coronales literales, sino más bien recompensas y aprobación. Habrá cuatro motivos especiales de gozo en el cielo. Primero, cara a cara veremos a aquél a quien amamos—¡a Cristo nuestro Señor y Salvador! Segundo, veremos a otros allí a quienes hemos ganado para Cristo con nuestro testimonio. Tercero, tendremos una corona para devolver a quien nos la dio. Y además, nos reuniremos con nuestros seres queridos que partieron antes que nosotros. ¡Aleluya!

Se pregunta a veces, "¿Cómo puede haber recompensas en el cielo cuando todos serán completamente felices? ¿Cómo podrá alguien, por otra parte, sufrir pérdida o ser avergonzado?"

Efectivamente; todos seremos felices, pero evidentemente habrá diversas capacidades de felicidad. A través de toda la eternidad permaneceremos en el grado de honor o bendición que hayamos alcanzado, y no habrá oportunidad para mejorar o remediar las oportunidades perdidas. Tómese un balde grande y un dedal, por ejemplo. Llénese ambos, y llenos quedan. Mas qué diferencia grande hay entre ambos en cuanto a su capacidad. Entrar en "el gozo de tu Señor" debe ser seguramente una mayor medida de disfrute.

Los creyentes jamás pasarán por la tribulación: "Porque has guardado la palabra de mi paciencia, yo también te guardaré de la hora de la tentación (prueba) que ha de venir en todo el mundo, para probar a los que moran en la tierra" (Apoc. 3:10).

II. La Revelación (La segunda parte del regreso de Cristo).

"Y luego después de la aflicción de aquellos días, el sol se obscurecerá, y la luna no dará su lumbre, y las estrellas caerán del cielo, y las virtudes de los cielos serán conmovidas. Y entonces se mostrará la señal del Hijo del hombre en el cielo; y entonces lamentarán todas las tribus de la tierra (los judíos se arrepentirán de haberle crucificado), y verán al Hijo del hombre que vendrá sobre las nubes del cielo, con grande poder y gloria" (Mat. 24:29-31; Luc. 27,28). "He aquí que viene con las nubes, y todo ojo le verá, y los que le traspasaron; y todos los linajes de la tierra se lamentarán sobre él" (Apoc. 1:7). El lamento significará arrepentimiento.

Esto ocurre cuando el Anticristo haya reunido a todas las naciones contra Jerusalem para la batalla (Joel 2:1-11; Zac. 14:1-5). Esta vez el Señor viene con todos sus santos y todo ojo le verá. Se revelará como el Sol de justicia con salud en sus alas.

Cristo vencerá a los ejércitos del Anticristo, y levantará su propio reino de justicia, "el reino de Dios y de su

Cristo". Esta batalla en los llanos de Siria y Palestina se llama Batalla de Armagedón (Apoc. 16:16; 19:11-21). El Anticristo y su falso profeta son arrojados en el lago de fuego, y sus ejércitos son exterminados.

Entonces todas las naciones se reunirán a Cristo, y él los separará como el pastor separa a las ovejas de los cabritos. Las naciones representadas por las ovejas son las que usan de misericordia hacia Israel, los conacionales de Cristo, y las naciones representadas por los cabritos

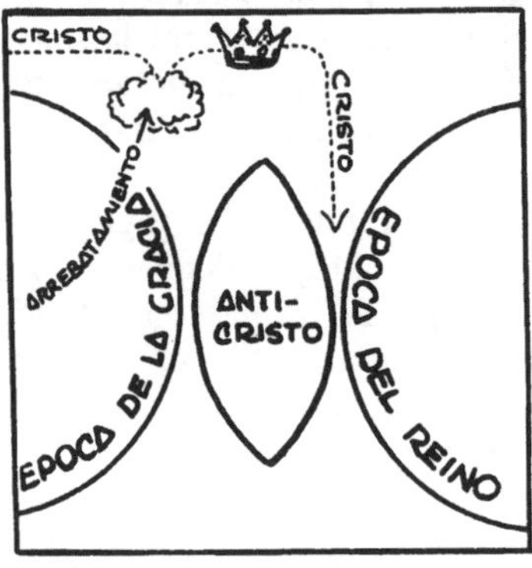

son las que persiguieron a Israel (Mat. 25:31-46). Aqué llos participarán del período del reino de Cristo, y vivirán en la tierra con todos los que no se unieron a las fuerzas del Anticristo.

A.   EL MILENIO. El reino de Cristo en la tierra por mil años se denomina la Edad de Oro, el Milenio, o la Epoca del Reino. Cristo se instalará en Jerusalem y los santos reinarán con él sobre las ciudades de la tierra; los doce apóstoles gobernarán a las doce tribus de Israel; la maldición que pesa sobre el hombre y la naturaleza será levantada; transformarán sus espadas en arados, y el león y el cordero jugarán juntos (Is. 2:1-5; 60:1-22; Zac. 14: 16-21; Apoc. 20:4-6). El éxito, la abundancia, la salud, la seguridad, y la justicia reinarán soberanamente.

Una de las razones que harán factible tanta paz y luz, es que Satanás estará encadenado en el abismo infinito durante el milenio (Apoc. 20:1-3). No habrá tentación.

B.   LA REVUELTA FINAL. Por extraño que parezca, aun después de los mil años del reinado de Cristo, habrá hombres que no lo amarán, y que sólo lo han seguido porque no había tentación en el mundo. Pero luego Satanás es desatado y hace un último esfuerzo para reunir a los hombres contra Dios. Y tiene bastante éxito, por cuanto reúne un número tal que es imposible contarlos. En la lista se encuentra "Gog" o, como se piensa, Rusia (Apoc. 20:7-10). Pero no llegan muy lejos con esta revuelta, por cuanto desciende fuego del cielo y los devora, y Satanás es arrojado en el "lago de fuego y azufre... y será atormentado día y noche para siempre jamás".

C.   EL JUICIO FINAL—EL GRAN TRONO BLANCO. Inmediatamente después del milenio, los que murieron en incredulidad resucitarán para ser juzgados. Esta se llama la segunda resurrección (Apoc 20:11-15).

Todos los que comparecen en este juicio son lanzados en el lago de fuego. Aparecen ante Dios simplemente para oír la sentencia de castigo. Todos los que comparecen ante el Gran Trono Blanco están ya condenados; no tienen una segunda oportunidad. No hay más oportunidades después de la muerte (Apoc. 21:8). A los que enseñan falsas doctrinas les está reservado un lugar especial de castigo (Judas 12,13).

Gracias a Dios ningún cristiano se verá jamás frente a este trono judicial de Dios. El promete a quien recibe a Cristo como su Salvador que "no vendrá a condenación; mas pasó de muerte a vida" (Juan 5:24).

No; nunca estaremos ante ese trono judicial; pero sí estaremos allí para observar. Cuando los incrédulos estén delante de ese trono para ser lanzados en el lago de fuego, ¿estará allí entre ellos algún vecino o amigo vuestro, algún pariente o ser amado, que pueda señalaros con el dedo y deciros, "¡Jamás me dijisteis nada!"?

Dios dice: "Cuando yo dijere al impío: De cierto morirás: y tú no le amonestares, ni le hablares, para que el impío sea apercibido de su mal camino, a fin de que viva, el impío morirá por su maldad, mas su sangre demandaré de tu mano" (Ez. 3:18,19).

Hermanos, ¿nos reprocha la conciencia? ¿Pesa en nuestras manos la sangre de los perdidos?

D. LA DESTRUCCION DEL MUNDO. El fin del mundo no viene hasta que hayan pasado mil años después del arrebatamiento; pero cuando llegue el momento, los cielos y la tierra se disolverán en gases, a partir de los cuales Dios hará un nuevo cielo y una nueva tierra. "El día de Dios, en el cual los cielos siendo encendidos serán deshechos, y los elementos siendo abrasados, se fundirán. Bien que esperamos cielos nuevos y tierra nueva, según sus promesas, en los cuales mora la justicia" (II Pedro 3:12,13).

Quizá alguien se pregunte: "¿A qué viene todo esto de los acontecimientos futuros? ¿A quién le interesa lo que ocurrirá en el futuro? Basta con vivir para el presente". Y bien, la Palabra de Dios dice esto: "Pues como todas estas cosas han de ser deshechas, ¿qué tales conviene que vosotros seáis en santas y pías conversaciones (santo y pío vivir), esperando y apresurándoos para la venida del día de Dios?" (II Pedro 3:11,12).

La forma en que vivimos hoy tiene importancia vital, porque nuestra eternidad depende de ella. A veces las cosas temporales nos son tan caras, que nos olvidamos que "el mundo se pasa, y su concupiscencia; mas el que hace la voluntad de Dios, permanece para siempre" (I Juan 2:17).

La venida de Cristo significará que los cristianos ya no tendrán otra oportunidad de ganar a otros para Dios.

La oportunidad para ganar recompensas habrá llegado a su fin; el gozo de glorificar a Cristo ante los inconversos habrá pasado. El día para servir a nuestro Señor es el presente, este día de gracia. ¿Qué hacemos en este sentido?

Cuando Dios eligió a Saúl para que fuese rey de Israel, y fueron a buscarlo para coronarlo, no lo podían encontrar. ¡Se había escondido entre el equipaje! Tal vez tuviera temor de la responsabilidad a asumir, o sentía timidez ante la publicidad, o lo amilanaba la pesada carga que podía significar el cargo de rey; sea lo que fuere, su excusa no fue lo suficientemente buena como para permitirle eludir el llamado de Dios a servir. Lo encontraron.

Como cristianos, Cristo nos ha llamado a todos nosotros a ganar almas. ¿Qué excusa tenemos para eludir su llamado? Su ojo ve más allá de nuestra excusa. Puede vernos escondidos tras el "bagaje" de nuestras excusas, y ¡qué excusas pobres son!

Encontrándome muy enferma recientemente, una noche estuve cercana a la muerte. Estaba sola en casa y tuve un ataque tras otro, cuando mi corazón amenazaba con dejar de latir y el dolor me oprimía el pecho y me entumecía los brazos. Cada vez que me sobrevenía un ataque me parecía que ya sería el último, y recuerdo claramente haber orado: "Señor, llévame ya al cielo". Cuando recuperaba el conocimiento, me sentía confusamente contrariada al encontrarme todavía en este viejo y triste mundo.

Luego, mientras esperaba el próximo ataque, comencé a pensar en las muchas almas alrededor de mí, a las cuales no había alcanzado aún con el Evangelio. Pensé en los que iban a mis clases bíblicas y a los cuales no había hablado todavía respecto de la salvación. Pensé en todos los que eran nuevos en la fe y que habían aceptado a Cristo últimamente. Pensé en las muchas reuniones ya programadas, en las que habría inconversos que vendrían a escuchar la Palabra de Dios. Mi oración cambió. Empecé a orar por esas almas, y a pedir que, si Dios quería que le sirviese un poco más, me fuera dado hacer todo lo que estuviera en mi poder en el tiempo de que dispusiera.

Oh, hermanos, ¿por qué será que con tanta frecuencia tenemos que enfrentar el valle de la sombra de muerte antes de que volvamos a darnos cuenta de la necesidad del mundo que nos rodea? Pensemos que estamos listos para ver a Cristo, pero ¿qué hemos hecho para él? ¿Estamos realmente preparados para morir? ¿Hemos hecho por él todo lo que está en nuestro poder hacer? ¿Habrá muchos en la gloria como consecuencia de nuestra fidelidad en ganar almas? ¿Tendremos que estar ante él con las manos vacías en el tribunal de Cristo?

Lector inconverso, ¿qué será de ti cuando Cristo venga otra vez? ¿Serás dejado aquí? "Estarán dos en el campo; el uno será tomado, y el otro será dejado" (Mat. 24: 40-44). ¿Serás dejado para pasar por la Gran Tribulación y para seguir al Anticristo? ¿Estarás delante del Gran Trono Blanco de Dios para ser lanzado en el lago de fuego? ¿Es esto lo que quieres?

¿Por qué no exclamas ya mismo: "Señor, sé que soy pecador y que Cristo es el único Salvador. Entra en mi corazón ahora mismo y sálvame; sálvame de la tribulación, del juicio, del infierno, y del pecado"?

No hace mucho se me pidió que visitara a una mujer en un hospital. Cuando la vi la primera vez, se mantuvo impasible y se justificaba a sí misma diciendo: "¡Yo no soy pecadora! ¡No he matado a nadie!"

"Qué extraño", le dije; "porque Dios afirma que uno es pecador aun cuando no haya matado a nadie".

Leímos las Escrituras referentes al hecho de que todos somos pecadores, y le mostramos el camino de salvación y cómo nacer de nuevo; a medida que hablábamos comenzó a preocuparse más y más. Ese mismo día, antes que yo me fuera, oró y pidió a Cristo que la salvara.

La visité varias veces más, pero me di cuenta de que su salud empeoraba rápidamente. Me alegré de que durante aquella primera visita hubiera podido escuchar y entender la Palabra de Dios. Tres semanas más tarde entré a su habitación, y descubrí que se la habían llevado media hora antes. La cama estaba vacía; había partido de este mundo. Cuánto me alegré de haber aceptado el llamado a visitarla, y de que ella hubiera visto su necesidad del Salvador antes de pasar a la eternidad.

Muchas veces hemos recibido pedidos para visitar enfermos, pero luego hemos comprobado que estaban demasiado enfermos para escuchar, o que ya habían fallecido. Cuántas personas esperan hasta que están enfermas, o que ocurra alguna calamidad, antes de pensar seriamente en la eternidad. ¿Por qué hemos de ofrecerle a Dios una vida moribunda, cuando él desea toda nuestra vida en plena salud para que le sirvamos? A nadie se le ocurrirá ofrecer a su amado un ramillete de flores marchitas; y sin embargo hay hombres y mujeres que se ofrecen a Dios cuando están demasiado enfermos o demasiado viejos para servirle.

Sí, así es: miremos o no hacia adelante los acontecimientos finales se aproximan.

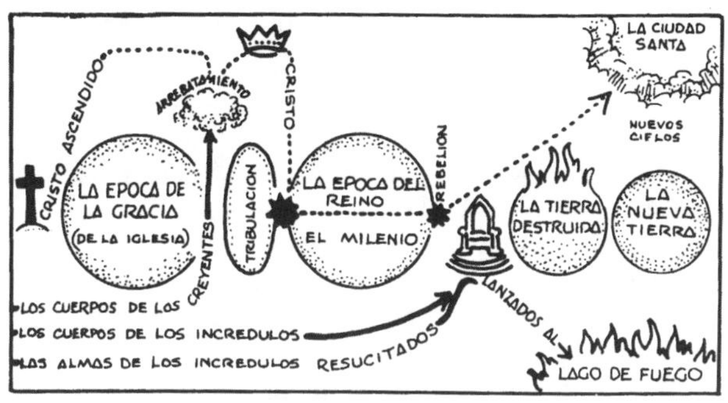

CUESTIONARIO

1. ¿Debe tomarse literalmente como un regreso corporal la segunda venida de Cristo? (Hech. 1:11).

2. ¿De dónde tomamos la palabra *Arrebatamiento*? (I Tes. 4:16,17).

3. ¿Cuándo reciben los cristianos vivientes sus cuerpos de resurrección? (I Cor. 15:53).

4. ¿Quiénes tienen parte en la primera resurrección? (Apoc. 20:6).

5. ¿Nos conoceremos en el cielo? (I Cor. 13:12).

6. ¿Cuándo volverá Cristo? (Mat. 24:42,44).

7. ¿Cuáles son las señales de los tiempos?

8. ¿Qué ocurre entre las dos partes de la segunda venida de Cristo? (Mat. 24:21,22).

9. ¿Qué les hace el Anticristo a los que se niegan a adorarlo? (Apoc. 13:15).

10. ¿Cuántos judíos se salvarán durante la tribulación? (Apoc. 7:1-8).

11. ¿Quiénes no serán salvos durante la tribulación? (II Tes. 2:10-12).

12. ¿Quiénes estarán ante el tribunal de Cristo? (I Cor. 3:11-16).

13. ¿Cuándo viene Cristo a establecer su reino? (Mat. 24:29).

14. ¿Recibirá Israel a Cristo como su Mesías alguna vez? (Mat. 24:31; Apoc. 1:7).

15. ¿En qué consiste el juicio del Anticristo? (Apoc. 19:11-21).

16. ¿En qué consiste el juicio de las ovejas y los cabritos? (Mat. 25:31-46).

17. ¿Cuánto tiempo reinará Cristo en la tierra? (Apoc. 20:4-6).

18. ¿Cuándo tiene lugar la segunda resurrección? (Apoc. 20:11-15).

19. ¿Serán juzgados los cristianos en el juicio final? (Juan 5:24).

20. ¿Qué importancia tienen para nosotros, como cristianos, los acontecimientos futuros? (II Pedro 3:11).